父母是孩子的第一本书

张长英 著

中国地图出版社

·北京·

图书在版编目（CIP）数据

父母是孩子的第一本书 / 张长英著 . —— 北京 ：中
国地图出版社，2022.6

ISBN 978-7-5204-2791-3

Ⅰ . ①父… Ⅱ . ①张… Ⅲ . ①家庭教育 Ⅳ . ① G78

中国版本图书馆 CIP 数据核字 (2022) 第 010847 号

FUMU SHI HAIZI DE DIYI BEN SHU
父母是孩子的第一本书

出版发行	中国地图出版社	邮政编码	100054
社　　址	北京市西城区白纸坊西街 3 号	网　　址	www.sinomaps.com
电　　话	010-83493634　83543969	经　　销	新华书店
印　　厂	保定市铭泰达印刷有限公司	印　　张	9
成品规格	170 mm×240 mm		
版　　次	2022 年 6 月第 1 版	印　　次	2022 年 6 月河北第 1 次印刷
定　　价	28.00 元		
书　　号	ISBN 978-7-5204-2791-3		

如有印装质量问题，请与我社联系调换

■ **目录**

序 / 1

学习篇

心理篇

■ 目录

生活篇

习惯篇

序

　　我人生中最大的收获就是拥有一双可爱的儿女。他们使我的生活变得多姿多彩，让我的人生更有意义。

　　我是一个平凡的人，一方面我希望孩子们学习成绩优秀，将来有个好的前途；另一方面我也希望孩子们拥有一个快乐的童年。

　　"好的前途"和"快乐的童年"就像是两个砝码，我衡量了许多个昼夜，依然无法称出孰重孰轻。我不禁问自己："好的前途"与"快乐的童年"并不是反义词，为何会发生冲突呢？人们常说"鱼与熊掌不可兼得"，可是"快乐的童年"和"好的前途"，它们既不是"鱼"，也不是"熊掌"，难道真的就不能兼得吗？

　　在面对孩子的成长和教育问题时，我似乎显得有些"贪心"，希望他们两者兼得。每当看到身边的孩子埋头于书山题海时，我也曾犹豫过、迷茫过，我无数次地问自己：要不要也让自己的孩子天天做题呢？

在车水马龙的大街上，我们经常会看到一群又一群的孩子背着沉重的书包，在家长的陪同下，往来于家与学校之间。看着那些孩子脸上的童真一点点地消逝，我忍不住设想：如果将来的某一天我的孩子也和他们一样的话，我会是怎样的感受？也就是那时，我在心里对自己说："我要做一个不一样的妈妈，我不要让我的孩子为了所谓的前途，葬送弥足珍贵的快乐童年，我要让我的孩子健康、快乐地成长！"

我的女儿从未接受过任何辅导，成绩一直保持在年级前几名，并且最近两年又在全国的几十家报刊上发表了一些作品。这令许多家长羡慕不已，他们都来向我"讨教"教育孩子的"秘诀"，而我也非常乐意将自己的经验告诉他们，希望对他们有所帮助。

经验交流得多了，我突然有了一个想法：为什么不把自己教育孩子时总结的这些经验和教训写下来，与其他的父母共同分享呢？于是就有了这本《父母是孩子的第一本书》，希望这本书可以为家长们答疑解惑。

学习篇

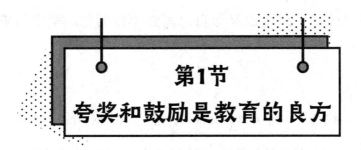

第1节
夸奖和鼓励是教育的良方

1. 夸奖和鼓励是常见的教育方法

　　每一位家长都希望自己的孩子可以成才，然而很多家长在面对孩子的教育问题时却又往往会显得手足无措，不知如何下手。

　　那么怎样才能教育出一个优秀的孩子呢？什么样的教育方法才更合适我们的孩子呢？

　　"好孩子是夸出来的！"这句话，您一定不陌生。通常，人们认为要想培养出"好孩子"，就必须夸奖孩子。而我认为对孩子除了夸奖以外，还应进行鼓励。

　　其实，从孩子出生起，多数父母就已经用过夸奖和鼓励的教育方法了，只不过父母自己浑然不觉而已。举个简单的例子。

孩子第一次学走路时的情形，您一定还记忆犹新。当时的他（她）东瞧瞧西望望，然后非常小心地迈出人生的第一步。如果孩子迈出第一步后没有摔倒，一旁的您一定会欣喜若狂地喊一句："宝贝，你太棒了！"此时，孩子会表现得非常高兴和兴奋。

这时，您肯定会毫不犹豫地说出下一句："宝贝，再走几步好不好？再走几步吧？"这时，孩子的心里就会展开拉锯战：一方面，他（她）害怕摔倒；另一方面，他（她）又想尝试走路。其实这是一个在心里衡量轻重的过程。

如果是对摔跤的恐惧心理占了上风，那么他（她）就不会迈出第二步。如果是获得"自由"的心理占了上风，那么他（她）就会继续迈出第二步。此时，家长通常会继续对孩子说："宝贝，到这里来！"

很多孩子在这时就会毫不犹豫地迈出第二步，因为孩子现在还不具备分析事物的能力，是父母的鼓励起了决定性的作用。

在这个事例里，孩子走出第一步后，父母说的那句"宝贝，你太棒了"就是对孩子的夸奖和赞美，后面的"宝贝，再走几步好不好"就是父母对孩子的鼓励。孩子会在夸奖和鼓励下做出努力，勇敢地迈出接下来的一步。

2. 好孩子是夸出来的

夸奖是众多家长所熟知的教育方法。然而，在现实生活里，孩子想要得到父母的夸奖，又似乎并不是那么容易。即便是那些优秀的孩子，亦是如此。

为什么那些优秀的孩子也很难得到父母的夸奖呢？我曾与女儿班级里的学生家长在一起谈论过这个问题。一些家长对夸奖孩子表示担忧，害怕自己的夸奖，会让孩子变得高傲自大。

其实我觉得这些家长多少有那么一点杞人忧天，要知道孩子的成绩绝不会因为父母的几句夸奖而降低。相反地，被夸奖过的孩子，首先会在心理上得到满足，会有一些非常愉悦的表现，例如变得比平时爱说话，在家里也愿意主动帮爸爸妈妈做一些力所能及的事情，等等。

其次，父母的夸奖等于认可了孩子的努力和成果。更重要的一点是，被夸奖过的孩子会更自信。这样，有利于孩子在今后的学习中有所突破，战胜自己的不足之处。

还有一些父母，他们眼中优秀的标准相对较高。这些家长对优秀的定义往往会因为孩子的成绩而做出相应的调整。通常来说，他们的标准会越来越高。

例如某个孩子在一次测验中考了全班第一，那么他的父母可能就会提出全校第一的要求，而等到孩子真的得到全校第一时，父母可能又会提出全市第一的要求。

这些父母觉得对孩子不断提出更高的要求，可以让他们时刻感到压力的存在，这样他们在学习上才会更加努力。其实，有这样想法的父母应该调整一下自己的心态，毕竟孩子还小，让孩子过早地承受如此大的心理压力对孩子的成长会有很多不利的影响。

女儿刚开始写作文时，水平实在一般。每当老师布置写作文的作业，女儿就会愁眉苦脸，经常坐在那里半天，却一个字也写不出来。

但是作业总归还是要完成的，"迫不得已"下，女儿只得胡乱拼凑出一篇作文来。当然她对这样的作文是否能够"过关"，心里是没底的。她会让我先看看，估计一下能不能过老师那一关。

说真的，女儿凑出的句子实在很一般，但我知道即使是这样"一般"的作文，也是女儿花了不少心思和时间努力得来的。

我认真地读孩子写出的每一句话，但并没有立刻给出评价，而是在心里暗暗思忖：我要怎么说？

当时我在整篇作文里找到了一个四字词语，我眼前一亮，于是我微笑着对女儿说："嗯，这个词语用得不错，以后要继续努力，争取写得更好！"

直到今天，我还清楚地记得女儿当时用不可置信的眼神看着我，然后小心翼翼地问我："真的吗？可是，我觉得我写得一点也不好呀！"为了让女儿相信她写得其实还不错，我又说："你还小嘛，一篇作文里能有一个亮点就很不错了，以后写得多了，你就很容易在一篇作文里写出两个亮点、三个亮点，甚至更多哦。事情总得一步步来嘛，要知道'一口是吃不出来胖子的'哦！"得到我的再次肯定之后，女儿十分兴奋，表示以后会继续努力。

从那以后，女儿再给我看她的作文的时候，我就会用类似的办法想方设法地称赞女儿的"劳动果实"。有时候是一句话，有时候是一个词语，有时候是作文的立意，总之只要用心去找，就肯定能够找到。

一段时间后，女儿的作文水平果然有所提高。她的作文里不仅有好词出现，而且还开始有好句子出现了。

每一次女儿写完作文后，都会请我这个妈妈当第一个读者，而每一次我都能够从中找到亮点，当然了，我也会适时地提出一些修改的建议。

在女儿的不断努力下，她的作文水平越来越高。后来，她的作文还常被老师当成范文在班级里读给全班的同学听呢！此后我试着将女儿的作文向外投稿，居然就陆续有一些优秀作文得以发表。

作为父母的我们，要时刻注意孩子的变化。只要发现孩子进步了，哪怕只是一点点，我们也要及时地对孩子进行夸奖。一方面，孩子会在不知不觉中感受到父母的关心和爱护。另一方面，他们会把这次的夸奖看成是家长送给自己的一个惊喜。接下来，他们可能会想到要给父母一个更大的惊喜，在以后的学习和生活中努力向好的方向发展，让父母看到他们更大的进步。

3. 夸奖要懂得掌握火候

夸奖并不是万能的法宝。有些时候，夸奖过度反而会适得其反。下面我们说一说"度"的问题。

任何一种事物的发展都会有一个"度"，超出这个"度"就可能出现某种负面的影响。同样的，在面对孩子的教育问题时，也会有一个"度"的问题。如果没达到这个"度"，那么有可能就达不到我们期待的结果。反之，如果这个"度"过了头，同样也起不到最佳的效果。

这就像厨师炒菜一样：如果"火候"不到，炒出的菜可能半生不熟，难以下咽；如果"火候"过了，同样也不好吃；只有"火候"掌握得恰到好处的时候，做出的菜肴才会闻起来香气扑鼻，吃起来唇齿留香。教育孩子也是同样的道理，需要我们掌握好"火候"。

如果我们对孩子夸奖的"火候"太过，那么孩子就有可能会因为我们的过度夸奖而骄傲自满，不肯继续脚踏实地去学习了，更有甚者不肯再听从父母和老师的建议，把自己幻想成为无所不能的"天才少年"。时间久了，孩子的学习成绩十之八九是会下降的。

> 女儿班里有个女生小兰，人长得很可爱，一连几次测验都是班级第一名。
>
> 当时，每天接送小兰的是她的奶奶。小兰的奶奶逢人就夸，说小兰特别聪明，学什么都快。这令其他家长羡慕不已，大家一致认为这个孩子以后一定会非常优秀。到了五年级，小兰就经常不写作业了，还经常说"那么简单的题，她早就会了"。开始的时候，她的成绩也在班级前列。可是六年级的时候，她的成绩就开始走下坡路了。

小兰的例子告诉我们，夸奖孩子是需要掌握好尺度的，过度的夸奖会让孩子变得骄傲自满。

所以，父母一定要掌握好夸奖孩子的尺度，坚决不要让孩子因为夸奖过度而骄傲自大。

4. 过度的夸奖会成为压力

不过，对有些孩子而言，如果家长的夸奖有些过"度"，可能会让孩子在不知不觉间形成一种压力。他们会时刻担心：如果我达不到父母的期望或要求，他们会不会失望，或者不喜欢我了？

这种情况下，父母的夸奖在无形当中，就已经成为孩子的一种心理负担。当这种压力达到一定程度时，孩子很可能承受不住，然后爆发出来。

我朋友的儿子小强，学习成绩一直很好。可是到了初中的时候，每逢考试，不论大考小考，他都会因为拉肚子而中途交卷，成绩也跟着一路下滑。后来，朋友就把这件事告诉了我。我问她孩子考试前会有什么表现？她说每次孩子考试前总是失眠，害怕考不好。朋友还说她以前经常对孩子说："我的儿子这么棒，将来肯定能考个好大学！"小强经常会自信满满地说："必需的！"

于是我分析后，对朋友说，小强很可能是因为你对他过度的夸奖，让他有了心理压力，害怕考不好会让妈妈失望，结果就出现拉肚子这样的症状。朋友问我该怎么办？我告诉朋友说，这时应该想办法让孩子放下心里的压力，让他明白无论他考多少分，妈妈都是喜欢他的。朋友听了我的建议，与小强谈了几次话，告诉他，无论他考得好坏，妈妈都会永远支持他。

一年后，朋友高兴地告诉我，小强在考试的时候已经不会再出现拉肚子的症状了。

小强的例子说明，过度的夸奖有时会成为一种压力。家长应该留心观察孩子的表现。如果家长发现孩子可能有心理压力，就应该及时调整教育方法，多和孩子进行沟通，让孩子明白学习成绩的好坏只是评价孩子优秀与否的一个方面，而不是全部。

5. 夸奖的同时还需鼓励

我们在经常夸奖孩子的同时，还应该适当提出一些"要求"，但不宜将"要求"一次性定得过高。

作为家长应该懂得运用循序渐进的方法对孩子进行鼓励。也就是说，我们可以先提出一个比较小的"要求"，等孩子达到这个"要求"后，再设定一个稍微高一点的。

当我们感觉到孩子信心不足的时候，就及时地对孩子进行鼓励，增强孩子的自信心，充分发挥出孩子的潜力。

在牛活中，孩子需要鼓励的地方有很多。尤其是对那些性格内向又胆小的孩子，我们更要经常性地鼓励他们，让他们勇于尝试他们认为比较困难的事情，例如在学校时积极举手回答问题，积极参加学校组织的各种活动等。

下面是我与小儿子之间的一个小故事。

那时，我的小儿子刚上幼儿园。晚上，我照常去学校门口接他放学，可是等他出来后，我发觉他的脸绷得很紧，看上去不是很高兴。我问他是不是因为做错事被老师批评了。当时他不吭声，只是不停地摇头。

我又耐着性子问了几遍。儿子没说话，却用手指了指从我们身边走过的小同学。我看了一眼，马上明白过来，原来那些孩子的额头上都贴着一朵小红花。于是我问儿子："他们是怎么得到小红花的呀？是不是老师奖励给他们的？""是！"儿子点点头。我又接着问："老师为什么要奖励给他们小红花呢？是他们上课表现好，还是答对了老师的问题？""嗯，是回答对了问题。"儿子小声说。"哦。"我点点头，然后想当然地安慰儿子说："你是不是回答错了呀？没关系的，下次再努力就好了。"谁料他却摇摇头说："不是。"我愣了一下，猜测道："嗯，那是为什么呀？是不是老师的小红花正好没有了呀？"这时儿子可能是听腻了我的分析，冒出一句："我没举手！"

这下我恍然大悟：老师请学生们回答问题，通常会让那些举手的孩子先回答。于是我问儿子："是不是不会呀？"谁料孩子的回答却是："我不敢！"

原来孩子是因为胆子小不敢举手回答问题，但看见别的小孩回答问题得到小红花后心里又很难过，所以他其实是在和自己生气呢。知道了症结所在，我鼓励他说："没关系的，下一次记得举手就好了。"儿子说："那要是万一回答错了怎么办？老师会不会批评我呀？"我笑着回答："当然不会。因为举手回答问题的学生，即使回答错了，老师也会为他（她）的学生勇于回答问题而感到高兴的。"

不久之后，儿子果然得到了他上学后的第一朵小红花。

直到现在我还清晰地记得他当时乐呵呵的模样呢。

综合来说，"夸奖和鼓励"的教育方式有利也有弊。那么究竟多大的孩子适合用夸奖的教育方法呢？我个人认为夸奖比较适合小学低年级的孩子。因为低年级的孩子思想还很单纯，许多事情只会看表象，还不懂得事情的内在联系，这时的孩子相对来讲喜欢听到大人的夸奖和表扬。而鼓励比较适合大一点的孩子。因为他们对事物已经有了一定的自我判断，基本能够分清利弊了，所以这个时候需要家长鼓励他们。家长的鼓励能让孩子放下心里的包袱，轻装上阵。

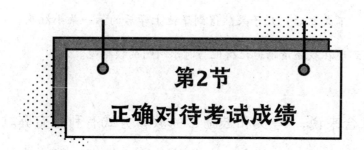

第2节
正确对待考试成绩

1. 考试的双重含义

自从女儿上学以后，我每天去学校门口接她放学。在等她放学的时候，我经常会和其他家长闲聊一会儿，不过更多的时候是我听他们闲聊。

家长们在一起讨论的话题多数都和孩子有关，而谈论最多的话题就是孩子考试的分数和孩子在班级的排名情况。有个家长给我的印象很深刻。每次孩子考试他都很紧张，如果孩子哪次考得不理想，他就会捶胸顿足，好像孩子做了很大的错事似的。

其实我认为家长们大可不必如此。学校给学生安排考试至少有两个意图。一是为了检验孩子在一段时间内，对所学过的知识的掌握情况，帮助孩子找出不足之处，以便有针对性地练习。二是检验老师教学水平的高低。如果一个班级半数以上学生的考试成绩相对比较理想，那么说明老师这段时间的教学方法是对的。如果多数的学生考试成绩都不太理想，那么老师就该想一想，是不是教学方法不太合适。

早些年，幼儿园还有期中考试。当时我对小儿子的考试成绩很期待，因为这是他有生以来的第一次考试。我的心情和大多数家长一样，希望孩子可以取得好成绩，最好能考"双百"。

可是等我从孩子手中拿到试卷的时候，几乎要傻掉了。儿子的语文居然只得了47分，数学也只有54分而已。好半天我都不敢相信自己的眼睛，以为自己看错了。等我确认卷子的确是儿子的后，我又开始怀疑老师判错题了。我认真对着试卷从头至尾仔细看了一遍，发现老师并没有判错。那是怎么回事？是考题难度大吗？也不是。卷子上的内容基本都是孩子学过的，没什么难度。

平时儿子的表现一直不错，怎么会出现这种状况呢？而且我注意到数学试卷里有一道比较大小的题目，儿子居然整题都没做。

我用当时我所能够表现出的最轻松的样子，微笑着问孩子："宝贝，这道题怎么没写啊？是不会做吗？"他的回答居然是："我不知道那两个数……两个数中间的小圆圈是干什么用的！"听了儿子的这句话我放心了，也大致明白了他考得不好的原因了。当时，我的小儿子不认识字，所以根本看不懂题目。考试的时候是老师念题目，所以可能是当时儿子没听清或是注意力不集中，才导致他根本不知道怎么答题。

据我了解，当时许多孩子的分数都不高。于是我猜测孩子们在平时的练习中没做过试卷，所以一时之间不适应。后来我向老师了解了教学的经过，证实了我的猜测。老师也意识到自己在教学上存在失误，表示在以后的教学中会做出相应的调整。不过老师当时表示也有一些孩子答得还不错，甚至还有几个得了满分。后来我了解到，那些答满分的孩子，虽然在学校里没做过类似的练习题，但是家长给孩子买了其他的试卷，让孩子提前在家里作了练习。至此，该事件总算是"真相大白"了。

了解了事情的真相后，我庆幸自己没有不分青红皂白地教训孩子。据我所知，那次考试过后，受到家长批评的孩子不在少数。

2. 学会分析试卷里的"秘密"

女儿上小学二年级的时候，第一次英语考试只考了80多分，在班级的排名一下子从前几名下降到了十几名。当时女儿很是懊恼，因为她的语文和数学成绩都不错，唯独英语分数低。

从女儿以往的成绩来看，她的英语成绩的确是有点偏低。从她拿到英语考试试卷的那一刻起，她就一直担心我会训斥她。所以当我接她放学的时候，我就看见她愁眉不展，眼角甚至还有眼泪呢。

不过我并没有批评女儿，因为我知道女儿其实已经很努力了。我告诉她，一次考试成绩说明不了什么问题，只要努力，就一定会有所提高的。

回到家里，我和女儿坐在一起，认真地分析了试卷。结果发现，女儿答错的地方基本上都是单词拼写错误。于是我就告诉女儿，以后要加强英语单词的背诵，并且我还和女儿一起制订了学习计划。第二次考试的时候，女儿的英语成绩果然有了很大的提高。

当我们拿到孩子的试卷时，我们不应该只看卷子上的分数，还应该仔细地对卷子进行分析和研究，对考试题进行分类总结，看看孩子答对的题属于哪一类的知识点，答错的题属于哪一类的知识点。我们把它总结完之后，就可以和孩子坐在一起好好分析了。需要强调的是，我们做这些的目的绝对不是为了批评孩子，而是为了找出提高孩子学习成绩的方法。

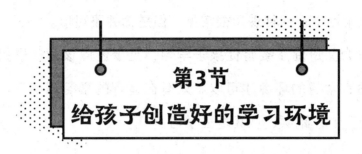

第3节
给孩子创造好的学习环境

1. 好的环境可以提高学习效率

　　父母都希望自己的孩子学习成绩优异。因此，有些家长只要发现孩子在学习方面表现得不太理想，或是没有达到自己的预期，就会抱怨孩子平时不学习，只顾贪玩，却从来没有思考过孩子学习成绩差，除孩子本身贪玩、不爱学习之外，是不是还有其他的原因。

　　其实，学习环境的好坏会直接影响孩子学习成绩的高低。

　　当父母要求孩子去学习的时候，不能只是一味地告诉孩子："你去学习吧！"然后就希望孩子听你的话，全身心地投入到学习当中去。之后，家长就可以想做什么就做什么了。

在实际生活中，这种现象很常见，但是却并不可取。

作为父母除了要督促孩子学习，至少还应该为孩子提供一个适宜学习的环境才可以。只有在适宜的学习环境下，孩子才能安心、踏实、认真地去学习。

2.不要让电视、电脑成为噪声的来源

对现在的家庭来说，电视、电脑等电子产品早已成了标配。看电视和打游戏是每个小孩子都热衷的娱乐活动。同样的，看电视和上网聊天、购物也是成年人日常生活的一部分。在与其他家长聊天的时候，经常会听说某家的孩子和爸爸妈妈每天争夺遥控器或平板电脑、手机的事情。

我和孩子之间，也经常会发生争夺电视遥控器或电脑、手机的事情，尤其是电视上正在热播我喜欢的某部电视连续剧的时候。每当连续剧马上开播时，不是女儿正在津津有味地看着她喜欢的节目，就是儿子正在看动画片。

虽然我是妈妈，应该让着孩子，可是那种非常想知道接

下来的剧情会怎样发展的心情真的很难受。为了看电视，我只好经常和孩子商量："乖女儿（儿子），让给妈妈看一会儿，好不好？就一会儿好不好？"如果恰巧遇到女儿特别喜欢的电视节目，她就不会痛快地将电视让给我看。当然作为妈妈，我自然会耍一些"小手段"，例如答应带他们去游乐园玩。

我讲这些并不是为了让大家知道我和孩子抢电视的过程，而是想告诉大家，作为孩子的父母，我们有些时候也是无法完全控制自己的行为的。

绝大多数的家长白天都需要上班，于是很多家长把下班回家看电视，或是上网、聊天当成自己的娱乐活动。所以有些家长会选择在孩子写作业和看书的时候抢占电视或电脑。这本是无可厚非的事情，但是家长们在看电视、玩电脑的时候，有没有想过孩子此时此刻的心里在想什么呢？电视、电脑的声音和图像会不会影响到孩子的注意力呢？

家长拥有享受生活和娱乐的权利，但是我们作为成年人，尤其是父母，应该学会控制自己的欲望，尽可能为孩子营造良好的学习环境。

3. 经常和孩子去书店

平时空闲的时候，家长不妨领着孩子去附近的书店里逛一逛，坐在那里看一会儿书，或是选购几本孩子中意的书，让孩子在书店里体会一下被书包围的感觉。

一些孩子可能对去书店不感兴趣。遇到这种情况时，家长们完全可以开动脑筋，让孩子自愿走进书店。

我有一个简单的方法。在日常生活中，家长可以有意无意地和孩子谈论午饭或是晚饭的食物，不论是您还是孩子，肯定会想到许多好吃的菜肴。这时家长就有了充分的理由可以去书店了，您可以说："哎呀，那道菜好吃是好吃，可是妈妈不会做啊！"当孩子表现出失望的样子时，您不妨试探性地提议说："嗯，要不咱们去书店里找本菜谱吧，或许书上有那道菜的做法！"事情发展到了这里，不用想也知道孩子肯定会兴高采烈地说："好啊，好啊！咱们去书店吧！"然后孩子就会迫不及待地拽着您的手往书店跑，没准比平时去上学还心急呢！

只要可以顺利地到达书店，那剩下的事情就好办多了。

书店里肯定会有许多不同种类的书。孩子的好奇心都很强，虽然他是来陪您买菜谱的，但是当他真的进入书店，肯定不可能和您一样去翻菜谱。他肯定会被书架上一本本精美的童书所吸引！说不准孩子还会出人意料地选出一大堆的书呢。如果这是孩子第一次主动要求您给他买书，那您不妨让孩子自己做主，买他最喜欢的书，只有这样他才会在下一次您说要去书店的时候痛痛快快地跟着您去。

去书店的次数多了，家长就可以逐渐试着向孩子提些建议，让他看看您推荐的那些书。有些孩子自己选出许多的书，但是却拿不准到底想买哪一本。这时也需要家长在一旁引导，买家长认可、孩子又喜欢的那几本书。

经过长期的培养，孩子就会逐渐爱上读书了。

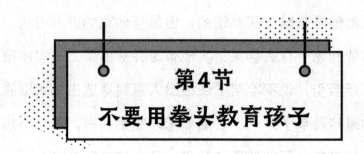

第4节
不要用拳头教育孩子

1. 父母是孩子的启蒙老师

许多父母认为自己只需要给孩子提供吃穿和住所就可以了，教育孩子是学校的事情，应该由老师来完成，其实这种想法是错误的。

学校里的教育是有局限性和目的性的。作为家长除了要让孩子学到文化知识外，还要多关注孩子的身体健康和心理健康。

人们常说孩子的启蒙教育非常重要。因此每一位家长都想给自己的孩子找个优秀的启蒙老师。然而事实上，一个孩子一生当中最重要的启蒙老师不是别人，正是孩子的父母。

父母的一言一行就是孩子最好的示范，这些言语和行为将会像烙印一样深深地印入到孩子的脑海里，也会成为他们将来为人处世的模板。

所以，父母应该在平时多注意自己的一言一行，给孩子做好示范。这样孩子才能在以后成长为一个优秀的人。

2. 挨打的孩子容易产生心理问题

生活中，家长经常会被自己的孩子气得暴跳如雷。这个时候，有些家长可能就会用打骂的方式来责罚孩子。但是，即使再生气，家长也应该清楚地认识到，此时的孩子毕竟年龄比较小，胆子也很小，是需要大人呵护的。

经常被父母打骂的孩子，心里难免会有一种孤苦无依的感觉。因为孩子对父母是非常依赖的，他们希望在自己受到委屈的时候，可以得到爸爸妈妈的安慰。可是如果父母经常打骂孩子，他在心理上往往较普通的孩子缺乏安全感。这样一段时间后，孩子就会渐渐萌生出恐惧的心理。如果孩子得不到及时的疏导，后果是很严重的。

3. 挨打的孩子容易撒谎

　　家长打骂孩子对于孩子来讲是一场战斗，而且还是一场不公平的战斗。因为孩子在体型和力气上不占优势，并且家长在孩子眼里更具权威性。在这样的情况下，孩子大概率只能被动挨打。

　　有的孩子考试成绩不太理想，没有达到家长期待的目标，他们的父母就会对孩子进行身体上的惩罚，这种方式很可能让孩子产生逆反心理。

　　没有人会心甘情愿地挨打，孩子也不例外。为了躲避惩罚，一些孩子会采取一些自以为聪明的做法，例如涂改试卷的分数，或者撒谎隐瞒考试分数。这样一来，孩子可能就不会挨打了。但是谎言总有被揭穿的一天，这时孩子很可能面临更严厉的惩罚，而且家长很可能会对孩子更加失望。时间久了，父母对孩子越来越失望，并逐渐失去信心。而这些孩子会觉得无论自己怎样做，都无法达到父母的期待值，从而对很多事情失去兴趣。

4. "拳头"会拉开家长和孩子的距离

父母和孩子是最亲近的。父母时时刻刻地关心和爱护着孩子，而孩子也极其依赖着父母。

可是如果父母经常打骂孩子，那么孩子就会慢慢疏远父母。在现实生活中，即使是两个成人之间发生口角，双方也会心生嫌隙，有的甚至一辈子都不再来往了。孩子和父母的关系也是一样的。有些父母也许会说："我打他，是为了他好。"但孩子和父母的想法是不一样的。而且父母不应该以"为孩子好"为名义用拳头来教育孩子。

孩子被打之后，细心的父母会发现孩子会主动放弃和他们说话的机会，在需要经过父母身边的时候，他们可能也会绕道而行。父母问孩子一些事情的时候，孩子会选择点头或是摇头来回答父母的问题。而不是像以往那样，父母问一句话，孩子有可能回答两句话或是更多话。外出的时候，孩子也会以各种理由拒绝和父母一起出去，例如作业没做完，身体不舒服等。

渐渐地父母就会发现，孩子和他们之间越来越生疏，距离越来越远了。

5. 挨打的孩子容易自暴自弃

如果父母经常打骂孩子，孩子会觉得父母讨厌自己。他可能会认为自己一无是处，甚至放弃自己。

在孩子心里，他们认为自己怎么做都不会得到父母的欢心，而且即使自己再努力也没有用。如果孩子有了讨厌自己的想法，就表明他已经开始有自卑心理了。那么接着他就会自暴自弃，对做任何事情都没有信心。可能很多事情还没开始做时，他就提前在心里给自己下结论："我肯定做不好的，那还去做它干什么，干脆放弃好了！"

当孩子开始自暴自弃时，他就很难重新树立起自信心了。作为父母一定要警惕这一点，时刻提醒自己不要让孩子走向自暴自弃的道路。

6. 挨打的孩子容易将暴力转嫁他人

如果一个孩子经常被父母打骂，那么他的性格可能会发生扭曲，尤其当孩子经常遭受父母的虐待或是打骂，他们无力还手，而且也不敢还手的时候。这种情况下，孩子唯一能做的就是忍耐。这会使孩子内心的不满情绪越来越多，当这种"不满"达到一定程度时，就会爆发出来。当然他们不敢去打父母或比他们强大的人，但是他们会把这种不满转向比他们弱的群体。

孩子在转嫁爸爸妈妈对他的暴力时，只需要一个小小的导火索，例如同学间的一句玩笑、一个小动作。

当有孩子打架并被我们问及打架的原因时，我们往往会发现那些所谓的打架"理由"都是些鸡毛蒜皮的小事。

可是也许那就是一场"暴力转嫁"行为，只是我们没有仔细去了解事件背后的真相。

第5节
陪读不可取

1. 陪读让孩子有依赖感

现在的父母越来越重视孩子的教育问题。父母都知道孩子要从小培养，于是就有越来越多的父母加入到陪读的行列中去。父母陪读的方法各有不同，有的是陪着写作业，有的是陪着上兴趣班，也有的家长辞去工作，专门陪孩子上学，陪完小学陪初中，陪完初中陪高中，甚至陪着孩子上大学。

"陪读"几乎成了一种新型的"职业"，而且这个职业需要24小时随时"待机"。陪读者所期待的最大的回报就是被陪读者可以考上好大学。父母愿意陪孩子读书，足以证明父母对孩子教育的重视程度。然而那些被陪读的孩子，真的会完成父母所期待的目标吗？

日常陪读的父母总是喜欢帮孩子决定一些事情，例如父母会帮孩子制订一个计划，先写哪些作业，然后再写哪些作业。从表面上看，父母好像是在帮助孩子，让孩子有条理地写作业。可是时间一久，孩子就会对父母产生依赖，等着父母去安排所有的事情。写作业的时候，他们坐在那里等着父母吩咐。如果父母漏说了一种作业，或者是中途有事离开了，孩子很可能不会自己去想还有什么作业没有完成。

家长们还有一个通病，就是喜欢在孩子写作业的时候，帮孩子检查。一旦发现孩子做错了题，就立刻给孩子指出来，然后让孩子当场改正过来。孩子不会做的题目家长也会给孩子讲解清楚。

不管出于何种原因，加入到陪读行列中的父母在日益增多。

说到陪孩子写作业，我也有过切身的体会。

女儿刚上一年级的时候，每天放学后，我都会坐在她身边，陪着她写作业。无论是语文还是数学，我都会一笔不落地看着女儿写完。因为我的眼睛一直盯着女儿的作业本，所以当她写错时，我都会在第一时间发现，然后立刻指出来，让她马上改正过来。

每次只要我指出作业里做得不对的地方，女儿都会认真地去改正。改完以后，我说对了，她才继续去写接下来的作业。刚开始的时候我觉得这样做很好，不仅可以在第一时间发现女儿哪里不会，还可以让她及时地更正，真是一举两得。

在我的帮助下，女儿的作业本上，一个差错也没有。可是考试的时候，问题就出现了。试卷上一些很简单的题，女儿都做错了，而且这些题大都是女儿平时做过的。当时我心里别提有多生气了，我问她："那么简单的题怎么会做错？"女儿告诉我说当时她看错题了，所以才做错的。然后我问她："做完卷子检查了吗？即使看错题，检查的时候也能发现啊！"可是女儿接下来的回答却让我感到吃惊和意外，她说："检查？怎么检查？我不会！"女儿说这句话的时候理直气壮。我当时特别生气，觉得她是在敷衍我。

当天晚上因为生气，我没有陪女儿写作业，自然也就没有帮她检查作业。

第二天，我去学校接女儿，发现她不太高兴。我在心里猜测女儿不高兴的原因，但一路上并没有问她。刚一回到家里，女儿立刻委屈地哭了起来。我当时吓坏了，还以为有人在学校里欺负她呢，连忙问她怎么突然哭了？女儿一言不发地拿出她的作业本递给我。我翻开后，就看见了那些醒目的红叉。

"哎呀，怎么做错了这么多啊？"我当时随口问了一句。没想到女儿居然理直气壮地指责我说："还不是因为昨天妈妈没有帮我检查作业，你要是帮我检查的话，怎么可能会错这么多？那样老师就不会说我不认真了！"说完她又委屈地哭了起来。

听了女儿的话，我当时就愣住了。是啊，女儿说的没错，以前她的作业本上基本没有错误。不过这是因为我每天都会帮她检查，一旦发现错误，我就会让她及时改正。

仔细想想，孩子的作业本上没有红叉真的是一件好事吗？答案显然是否定的。从那以后，我就开始尝试让女儿自己写作业了。后来，只有她遇到不会的题，才会主动来问我，并且还学会了自己检查。

2.陪读会给孩子带来压力

现在，越来越多的父母已经加入到了全职陪读的队伍中。在我的身边就有数不清的家长为了能够时刻陪在孩子身边，照顾他们的生活起居和辅导功课，不惜辞去工作。最常见的就是全职陪读妈妈。

其实，父母放弃工作，就等于放弃自己的人生目标。因此有些父母就会将自己没有完成的心愿全部寄托在孩子的身上。这样的父母对孩子的期待往往会更高，管理得也更严。

孩子学习成绩的好坏成为父母心情的"晴雨表"。孩子成绩好，家长认为付出有了回报；孩子成绩不好，父母可能会觉得失望：因为陪读不仅丢掉了自己的人生，还看不到孩子的未来。以此为契机，家长对孩子的管控便会变本加厉，这在无形当中会让孩子在心理上形成巨大的压力。

孩子害怕自己成绩不好，让家长失望。每当他们独自面对事情的时候，往往容易胆怯，严重者可能会出现应激反应，例如头晕、拉肚子等。

3. 陪读不利于孩子独立

有部分家长因为过于在意孩子的学习，包揽了孩子生活上所有的事情。我见过很多的父母，即使他们的孩子已经上了高中，有的甚至已经上了大学，他们也要跟着去陪读，继续包揽洗衣服、做饭等孩子应该自己做的事情。

其实这样的陪读没有任何实质性的意义，而且对孩子的自我独立没有任何好处。这些孩子过惯了"衣来伸手饭来张口"的日子，一旦他们离开了父母，就会手足无措，甚至生活上不能自理。

每年开学季，这样的新闻屡见不鲜。一些走进名校的学生，不会与人沟通、不会买饭、不会洗衣服。这样的状况很可能就是家长过度陪读造成的。

家长们总是喜欢让孩子把更多的时间留给学习，希望孩子考上一所好的大学。但是一个孩子需要学习的东西其实很多，除书本上的文化知识外，还有许多其他的东西也应该学习，尤其是生活常识和独立生活的技能。

其实，生活本身就是一所学校，家长只有放手让孩子自己去闯，他们未来的路才会更宽广。

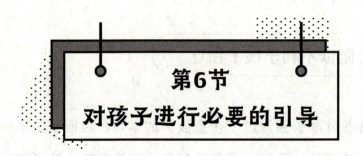

第6节
对孩子进行必要的引导

1. 引导孩子自觉学习

　　很多家长经常说自己家的孩子不懂得自主学习，放学后一提到玩就精神百倍，一提到学习就像霜打了的茄子。遇到这种情况，家长们大可不必太伤脑筋，我们只需要对孩子进行一些必要的引导就好。

　　我们要引导孩子爱上学习。只有孩子从心里爱上了学习，他才有可能去主动地学习。家长需要让孩子找到学习的乐趣，把学习变成一件好玩的、快乐的事情，这样孩子才有可能爱上学习。

　　家长应该都知道，孩子小的时候很喜欢提问题，例如天上的白云是哪里来的？太阳晚上的时候去了哪里？等等。孩子提问题的时候，家长一定要拿出百分之百的耐心，尤其不要表现出厌烦的情绪。

家长一定要认真地对待孩子的每一个问题，知道的可以给孩子讲解，不知道的，家长可以向孩子提议一起去图书馆或是书店寻找答案。当然，家长还可以和孩子做游戏，比一比谁先找到答案。在这个环节里，家长可以进行巧妙的设计，让孩子先找到答案，但不要每次都这样。等孩子找到他所需要的答案时，一定会很开心，这时家长可以适当地给孩子一点奖励。奖励是多种多样的，可以是一袋零食，可以是一个小玩具，也可以是家长的夸奖和赞美，还可以是一个热情的拥抱。总之不管家长采用的是哪一种奖励，对孩子而言都是一种肯定。这样孩子下一次提问的时候，就愿意主动去寻找问题的答案了。孩子在玩儿的同时也收获了知识。

当然，家长还可以将那本为孩子提供"答案"的书买下来，送给孩子，这样孩子肯定会更高兴的。这种奖励有两个好处：一是有利于孩子更细致、全面地了解问题的答案，因为我们在书店和图书馆的时间毕竟是有限的；二是书上肯定还有许多其他方面的知识，这样孩子在翻看的时候，也可以获得更多的知识。

2. 引导孩子掌握正确的学习方法

　　我经常和其他家长一块交流教育孩子的经验。一些家长说，孩子很用功，每天都在学习，可是就是学不会。遇到这种情况，家长往往就会认为是自己家的孩子没有别人家的孩子聪明。事实上，真正的"笨孩子"并不多见，绝大多数孩子的智力发育都是正常的，没有很大的差别。

　　所以通常情况下，如果孩子平时比较努力，成绩却不理想，很可能是孩子没有找到适合自己的学习方法，或者是没有认识到自己的不足之处。怎样才能让孩子掌握正确的学习方法呢？对孩子来讲，他们的年龄比较小，让他们完全靠自己去琢磨适合的、正确的学习方法，必然会绕很多弯路。而我们大多数家长都经历过长时间学习的过程，在这一过程中或多或少都总结过一些学习方法。这时，我们就可以先观察孩子，找到他们的不足之处，然后对症下药，帮助孩子找到适合自己的学习方法。

　　女儿刚上学的时候，老师要求他们背诵古诗。一首古诗只有几十个字，女儿靠死记硬背也可以完成。但是时间久了，需要背诵的古诗多了，她经常将两首古诗或是几首古诗的句子弄混。这也就直接体现出了死记硬背的缺点。

后来女儿背古诗的时候，为了帮助她背诵古诗，我会让她先对照古诗的释义，把每首诗所表达的含义弄清楚。几次学习之后，果然起到了一定的效果，女儿不仅记得牢，不会把古诗弄混，而且背诵的效率也有了很大的提高。

还有一个女儿学英语的例子。

女儿刚开始学习英语的时候，也遇到了一些问题。最初的时候，她总是记不住单词，这导致她背诵课文时也不够流利。那段时间女儿真的特别用功，每天回家就背诵英语课文，可是效果却一直不是很好。为此，女儿有时候总会懊恼地说自己笨。

为了帮女儿找到问题的根源，当女儿背诵英语课文时，我就在旁边留心观察。我发现女儿背英语课文的时候，中间总会停顿几次，低头看一眼英语书，并且每次停顿的位置都差不多。

女儿的动作引起了我的注意，我觉得她肯定是对个别的单词还不够熟悉。如果一篇课文里，女儿有几个单词不会，那么她想要流利地把课文背诵下来肯定是做不到的。

和女儿沟通后，果然证实了我的猜测。于是我将她背诵时咬不准音的单词和根本就不会的单词一一标注下来，然后把它们抄到一个本子上，让女儿暂时放下英语书，专心背诵那些不会的单词。对女儿来说，背诵几个单词要比背诵一篇课文快得多了。等到女儿把单词背会后，我再让她背诵课文。这样做以后，她背得就特别流利了。

从那以后，女儿经常会用这个方法背诵英语课文。

3. 引导孩子正确使用电子产品

电子产品在现代家庭中已经相当地普及了，尤其是智能手机和平板电脑。许多家长一提起孩子玩手机，就是一片哀叹声。

"我家的孩子成天上网玩游戏。"

"天天上网聊天，看也看不住。"

"每天跟孩子斗智斗勇，但也防不住他们玩手机。"

……

其实电子产品并没有那么可怕，它们也是时代进步的一种体现。只要家长对孩子进行必要的引导，电子产品将是非常不错的学习工具。

家里刚买电脑的时候，女儿也像其他的孩子一样，喜欢上网玩游戏、看电影。平时，她只要待在家里就一直在玩电脑，当时我十分着急。因为时常听别的家长说孩子迷恋上网，学习成绩一路下滑，还影响了视力，所以我心里难免有些担忧，怕女儿也会如此。

当时我一点办法也没有，只能每天对女儿叨叨。

"少玩一会儿吧！"

"别耽误了学习！"

"小心眼睛，总看电脑，会近视的！"

······

可惜这些话对女儿起不到任何的作用，她依然还是喜欢用电脑玩游戏和看电影，甚至已经沉迷进去了。有一段时间，我甚至开始后悔买电脑了。

在女儿白天去上学的时候，我也会用一会儿电脑。在偶然的机遇下，我进入了一家杂志社的博客里，那家杂志刚好是小学生看的杂志。我看见他们正在征集小学生作文，当时兴奋极了。等女儿一放学，我就把网站的征文信息给她看，还鼓励她写一篇作文试试。女儿对此也表现出了兴趣，当时她就写了一篇微作文——《打火机》。

我和女儿对这篇作文入选并没有抱太大的希望。大约过了一个月的时间，我趁女儿上学的时候，去浏览那家杂志的博客，意外发现女儿的微作文居然被采用了，我特别高兴，而且还把这个消息告诉了女儿的班主任王老师。王老师听到这个消息也非常高兴，并且把这个消息在全班同学面前公布了出来。班上的同学们纷纷祝贺女儿，她高兴得不得了。

从那以后，女儿再上网时，就经常去那家杂志的博客里看看，渐渐地她又找到了更多的杂志征稿信息。女儿投递的作文越来越多，相应的杂志、报纸的样刊也都寄到了家里。

现在女儿上网虽然也会玩游戏、看电影，但更多的时间，她会利用电脑搜索学习资料。

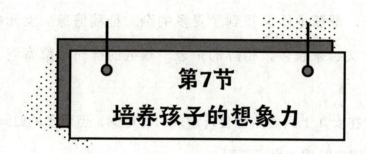

第7节
培养孩子的想象力

1. 不要扼杀孩子的想象力

　　说到想象力，一些家长会嗤之以鼻，认为那都是虚幻的、不切合实际的，甚至有的家长厌烦孩子那些天马行空的想象。这样的观点我并不赞成。从古至今，与我们的生活息息相关的大部分事物，都与想象力有关。

　　正是因为人类想像小鸟一样飞上天空，飞机才会被发明；正是因为人类希望拥有千里传音的功能，电话才会诞生；正是因为人类渴望光明，夜晚才有万千霓虹。人类的一切都离不开想象力，可以说想象力是推动人类发展的动力。

　　在童年时期人类的想象力是最丰富的。例如家长经常会看到孩子做一些奇奇怪怪、匪夷所思的事情。以成人的眼光来看，这些事既幼稚又可笑。所以家长认为这些都是小孩子不懂事的表现。

家长都知道孩子是"十万个为什么"，他们的问题稀奇古怪，一个接一个，似乎无穷无尽。而家长除了照顾孩子以外，白天还要上班，所以有些时候就会产生不耐烦的情绪，不愿意去解答孩子那一连串的问题。如果孩子提出的各种问题一次次被家长忽视，那么孩子肯定会表现得非常懊恼，他会觉得连爸爸妈妈都否定我的问题，那还有谁会愿意回答这些问题呢？最初的时候，孩子有可能还有一些好奇心，可是他会努力克制自己。时间久了以后，他就不会再去思考那些问题了。等到有一天，家长意识到自己的孩子缺乏想象力，再想培养的时候，恐怕就不是那么容易的事情了。

孩子的想象力越强，说明孩子的思维能力也越强。拿一道简单的数学题来说，富有想象力的孩子可能会想出多种解题方法，而缺乏想象力的孩子可能只局限于一种解题方法。

2. 故事书的妙用

记得女儿刚开始写作文的时候，总是唉声叹气，不知道怎样去写。每次老师留作文的时候，她就抱怨道："唉，这怎么写啊？写不出来呀！"每当听到孩子这样说，我也跟着犯愁。我知道写好作文对学习语文很重要，不论是中考还是高考，作文的分数在语文试卷中所占的比重很高。

我和女儿进行了简短的沟通，发现她不会写作文的主要原因是没有思路。于是我就领着女儿去了一趟书店，买了几本书，包括作文书、童话故事书等。之后我发觉女儿比较喜欢看童话故事。有了这些书的"陪伴"，女儿的作文总算是能够写出来了。

从那以后，我经常会给女儿买一些童话故事书看。好多家长认为孩子看作文书才更有利于写好作文，看童话故事是在浪费时间。其实不然，要知道孩子获取知识的途径不仅仅是通过课本和教辅书，课外书也是他们获取知识的重要途径。

很多家长都翻看过孩子的语文书。语文书里的每一篇课文，每一首古诗，都是文学作品。只不过这本书的标签是课本，而童话书的标签是故事。因为标签不同，一些家长就产生了排斥心理。

其实，无论是课本，还是故事书，都是值得我们学习的。故事书之所以能够吸引孩子，是因为内容写得有趣，能够激发孩子的兴趣，所以他才会愿意去读。故事书里的好词和好句，也都可以成为孩子学习的对象。这种学习方式，在短时间内可能看不出效果来，但是随着孩子年龄的不断增长，阅读量的不断增加，其知识积累的作用就会显现出来。

从语文试卷里的阅读理解题我们也能看出来，那些平时看书越多的孩子，阅读理解的能力也就越好，得分就多；而那些不怎么看书的孩子，阅读能力相对来讲就要差许多，得分也不高。其实阅读理解能力影响的不仅仅是语文成绩，还会影响日常的人际沟通。阅读理解能力不好的孩子，沟通能力也比较差。

多读书的好处也不仅仅局限于分数和日常的沟通，读书时书中的场景会在脑中再现，这对孩子想象力的提高也有很大帮助。

3. 想象力激发创造力

在日常生活中，我们在任何场合中都能听到提高创造力的说法。的确，对任何行业来说，想象力和创造力都是不可或缺的。

如果服装设计师缺少想象力，他们就无法创新，无法设计出最新潮的服装来，那么我们的生活将会变得单调。

如果画家缺少想象力，他们就很难创作出优美的画作，那么人类的艺术史将变得无比苍白。

如果作家缺少想象力，他们就写不出优秀的著作，那么我们的生活将失去很多趣味。

……

试想人类如果没有想象力和创造力，世界将会缺少多少色彩，人类文明的脚步也将向后退却无数步。所以作为家长的我们，一定要呵护孩子的想象力。

心理篇

第1节
和孩子做朋友

1. 与孩子做朋友，更容易沟通

父母能否很好地和自己的孩子畅所欲言的沟通，会直接影响到孩子的教育问题。如果家长可以和孩子做朋友，那么沟通就会容易很多。

可是我们要如何和孩子做朋友呢？这就要求家长平时要和孩子多聊天、多谈心，让孩子多讲讲他在学校里发生的事情，例如孩子与同学之间的关系怎么样，与老师之间的关系怎么样，学校近期有什么活动等。家长可以和孩子在一起谈论的事情有很多很多。有一点家长一定要记得，在和孩子谈论这些事情的时候，一定要放平心态，从心底里把孩子当成自己的朋友。

许多父母觉得，作为长辈就该有一定的威信，应该让孩子时时刻刻都尊敬自己。事实上这样的想法是不对的。孩子平时尊敬您，对您言听计从，但他未必是心甘情愿的。而且家长也不可能一天二十四个小时地跟在孩子的身边，很多时候，家长根本不知道孩子在做什么。

这些父母经常会说："我不在，他才敢这样。如果我在，借他两个胆子他也不敢！"这样的话从表面上听来，好像是孩子真的听父母的话，但仔细分析一下，就很容易发现这里面存在的问题了：其实孩子并不认可父母所说的这些话，甚至孩子很可能连父母的这种行为都是不认可的，他表面上的听话和顺从，只不过是在敷衍父母而已。一旦父母的注意力从孩子的身上移开了，他们就会去做自己认为"正确"的事情。

有时候，家长在一起聊天时，经常会听到关于自己孩子的某一件或是某几件事情，而这些事是家长不知道的。

这些消息通常都来自孩子的同学。消息有两种：一种是孩子得到了表扬和奖励，另一种是孩子犯了一些小错误，例如考试不及格，或是上课睡着了等。对前者，家长可以云淡风轻；对后者，家长就有些尴尬了。

　　这种情况出现的原因就在于家长和孩子平时缺乏沟通，而且可能是长时间缺乏沟通的结果。

　　所以家长一定要放下高高在上的姿态，和孩子平等地交流，这样父母和孩子才会彼此尊重。

2. 与孩子做朋友，孩子更容易接受家长的建议

　　对孩子来讲，父母的阅历是比较丰富的。故而在日常生活中，父母常常会在学习和生活上给孩子很多建议，希望孩子可以少走一些弯路。

　　父母的建议多数是正确的，但是如何让孩子接受这些建议，就是另外一回事了。如果父母以长辈的口吻命令孩子："这件事情，你应该按我说的做，你这么做是不对的。"这时孩子的心里也许会想："我是事情的当事人，你又没做过，怎么就知道我这么做不对啊？"有时孩子甚至还会产生抵触情绪，直接否定父母给出的建议。

　　孩子都有自己的想法，也都有表现欲，正是因为没什么经验，所以他们才更想证明自己。

　　这时父母不如和孩子多聊一聊，让孩子明白其中的道理，或者父母完全可以讲讲自己曾经经历过的事，让孩子知道自己曾经和孩子一样，也犯过同样的错误。而且这些建议就是从这些失败的经历中总结出来的。这样孩子就更容易接受父母提出来的建议了。

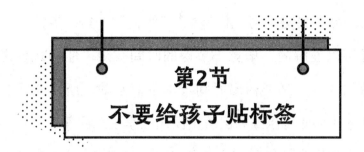

第2节
不要给孩子贴标签

1. 标签会让孩子进行自我定义

　　现实生活中，老师和家长都喜欢不自觉地把孩子进行归类。老师眼里的学生通常有两类：优等生和差等生。家长眼里的孩子则分为聪明孩子和笨孩子。

　　在学校里，每个孩子的表现各有不同，有的孩子学习成绩好一点，有的学习成绩差一点。学习成绩好的被称为"优等生"，学习成绩差的被称为"差等生"。这些优等生和差等生的称号就成为这些特定孩子群体的标签了。

　　虽然老师不会当着孩子们的面直呼这些称号，但这些标签却已经深深地印入到了老师的心里。在学校里上课的时候，许多老师会不自觉地对"优等生""优待"一些。老师的这种做法是可以理解的，毕竟一节课的时间有限，他们既要讲完本节课的内容，又要留出时间与学生们互动，所以老师自然会愿意选择那些可以顺利回答出问题的学生来回答了。

可是如果老师长时间不去关注那些"差等生"，就会让这些学生产生被忽视的感觉。时间久了，他们会渐渐失去对学习的兴趣，越来越不注意听讲，学习成绩自然也会下降。久而久之，他们自己也会不自觉地接受自己是"差等生"的事实。

相反，如果老师愿意关注这些学生群体，不仅能够了解这些学生的不足之处，还能激发这些学生对学习的兴趣，使他们重新树立信心。

除老师外，家长也很容易给自己的孩子和别人家的孩子贴标签。如果自己家的孩子各方面表现得都很好，家长会给孩子贴上"聪明孩子"的标签。如果自己家的孩子在各方面的表现都不尽如人意，家长通常会说孩子是"笨孩子"。其实无论哪种标签，对孩子都是不好的。

"聪明孩子"容易骄傲自满，"笨孩子"容易自卑。无论是哪种心理，对孩子的健康成长都有影响。所以老师和家长不要轻易地凭主观臆断给孩子贴标签，因为孩子未来成长为一个怎样的人是多方面因素共同影响的结果。

2. 标签不利于孩子的身心健康发展

贴标签对孩子身心健康的发展也是不利的，无论这个标签是好的还是坏的。因为孩子一旦被贴上好的标签，老师和家长对他们的期待值也会相应的提高。可是再优秀的孩子也会出现失误。一旦出现失误，孩子就会害怕被老师或家长训斥，另一方面他也害怕老师或家长对自己失望。

而对那些已经被贴上坏标签的孩子，则会很容易产生自卑的情绪，他们会觉得自己低人一等，觉得周围的人都不喜欢自己、讨厌自己，甚至包括他们自己的父母。如果孩子长期处于自卑的心理状态，那么他就会逐渐对自己丧失信心，不愿意尝试任何事情，哪怕是很简单的小事。

下面是一个关于是否考第一名的小故事。

自从女儿上小学后，她的学习成绩一直不错，排名都在班级的前五名。有几次女儿居然连续考了班级第一名。这本是一件令人开心的事情。可是一段时间后，我发现女儿并不是很高兴。和女儿沟通之后，我才知道原来她是担心下一次考试的时候，无法考到第一名，害怕令老师和父母失望。

仔细想想，女儿的担心其实也是有道理的。如果一个孩子一直得第一名，一旦某次考试得了第二名，家长就会认为孩子退步了，进而就会给孩子施加压力。于是我主动和女儿探讨考试名次的问题。首先我向女儿表明了自己的立场，我不要求她一定要考到什么样的名次，只是希望她可以在平时学习的时候足够认真，把老师讲的内容都弄明白了。

然后我跟女儿说，我认为一个人考得好不好至少应该由两点因素来决定。第一点，也是最重要的一点，即学生对各方面知识掌握的情况。学得比较透彻的学生，考试的时候通常是会取得不错的名次的，而那些平时知识掌握得不太好的学生，考试的成绩可能就不太理想了。但是这里所说的"不错的名次"，只是一个概数，有可能是第一、第二，甚至是第三和第四。第二点就是试卷的题目，无论是什么样的试卷，它上面都涉及到一些具体的习题，这些习题具有偶然性，不同的老师出题的侧重点不一样。因为每个学生对知识掌握的情况会有所不同，而且学生都有自己的薄弱点，所以他们最终呈现出来的成绩也是不一样的。

经过这样的探讨之后，我告诉女儿，考第一名和考第二名、第三名是没有什么本质上的区别的。女儿赞同了我的分析，从此再也不害怕考不到第一名了。

现在的父母对孩子的教育十分重视，有些父母在孩子还是婴儿的时候，就开始带他上早教课了。平时，我们经常会发现有的孩子虽然年龄不大，却本领超强，有的擅长唱歌，有的擅长弹琴，有的擅长绘画，还有的擅长跳舞。

这些孩子的父母十分享受别人羡慕的眼光。然而通常情况下，人们只看到了他们惊人的表现，却很少有人去思考这些"神童"是怎样炼成的。

现在我们周边到处都有数不尽的特长班，自然就有数不清的家长把孩子送到特长班去学习舞蹈、音乐、美术等。几乎所有的家长送孩子去特长班的想法都如出一辙："现在的社会竞争这么激烈，要想孩子以后在社会上立足，有所发展，没点特长怎么行？"有些家长还知道孩子喜欢什么，然后根据孩子的喜好给孩子报特长班。而有些家长则完全不顾孩子的想法，也不管孩子愿意还是不愿意，喜欢还是不喜欢，就把孩子强硬地送去特长班。

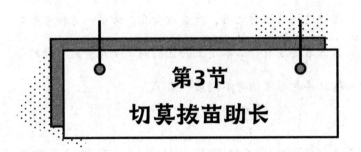

第3节
切莫拔苗助长

家长希望自己的孩子能够成材，这是无可非议的，但是我们不能因为这样的愿望，就去逼迫孩子什么都要学，我们至少应该尊重孩子的选择。

现实中，有相当一部分家长把自己这辈子没有完成的理想或愿望，全都一厢情愿地寄托在孩子的身上，完全不顾及孩子的想法和感受。

这些做法对孩子而言无异于拔苗助长。家长们应该清楚孩子的成功并不是一朝一夕就能实现的，而是需要长时间的努力和拼搏。

人生就像是一场马拉松比赛，起点很重要，过程更重要。看过马拉松比赛的人都知道，最初的时候跑在最前面的选手未必就能得第一。因为马拉松的距离比较长，所以它比的不仅仅是速度，还包括耐力。有的运动员跑步的速度比较快，在进行短跑的时候可能会取得不错的排名，可是如果让他去参加马拉松比赛，就未必还能取得很好的名次了。

提前学习的孩子就像马拉松比赛刚开始时跑在前面的选手，在最初的时候，他们肯定会比没有提前学习的孩子在某些方面优秀。这时家长会产生一种错觉，认为自己的孩子可能真的是"神童"。而其中原因我们一定要清楚，孩子之所以会"跑在前面"，是因为家长让他超前学习了。

这就像在马拉松比赛的时候，裁判员还没有打响信号枪呢，就有人把某些选手"推"进了赛道。在这样的情况下，这些选手肯定是会暂时领先的。可是随着时间的推移，后面的选手会越来越多，那些身体素质好的运动员会很快追上来。这时先跑的运动员就会不由自主地担心被别人超越，从而在心理上形成一种压力。

对孩子的培养也是同样的道理，一些孩子提前学习了，肯定在最初的时候会表现得好一些，但是随着年龄的增长，知识面的不断扩充，这种优势就会越来越小。

一些自尊心比较强的孩子，就会感觉压力越来越大，这时他们就很难平心静气地去做一件事情了。

相信大家一定了解《拔苗助长》的故事。故事中的农民每天盼望禾苗快快长高，于是他就跑进地里，将禾苗一棵棵往上拔。等拔完以后，那些禾苗似乎真的比邻居家的禾苗高了许多，农民的心里很高兴。可是几天后，他却意外地发现那些禾苗全都枯死了。故事中的农民之所以会犯这样低级的错误，就是因为在他去做"拔苗"这件事情的时候，一定没有认真思考过"拔苗"会产生哪些后果。

拔苗会伤及禾苗的根系；如果禾苗根部受到了伤害，就很难修复了。即使禾苗可以存活下来，也需要很长时间的缓苗期。

教育和培养孩子的过程和种田的过程十分相似。孩子就像那些"小禾苗"，家长则是那个"农民"。家长想要把孩子培养成"神童"的做法就是一种"拔苗"的行为。在短期内，孩子也许会在某些领域看上去比其他的孩子优秀一些，但是随着时间的推移，这样的优势会逐渐缩小或是消失。

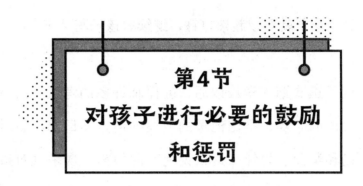

第4节
对孩子进行必要的鼓励
和惩罚

1. 正确处理孩子的各种问题

孩子在成长的过程中，总会伴随各种各样的问题。那么家长要如何对待孩子的这些问题呢？这就需要家长针对孩子的不同表现给予适当的处理方式。

例如孩子在刚开始学习写字的时候，一个简简单单的"1"写了无数遍还是写得弯弯扭扭的。某一天他突然写了一个非常标准的"1"，这时爸爸妈妈如果能对孩子竖起大拇指，称赞一声："宝贝真棒啊！"那孩子一定会非常高兴的，他学习写字的热情也会变得更高涨。

这时家长就可以趁热打铁，继续教孩子写"1"后面的数字了。

孩子正式踏入学校以后，会面临许多的考试。当孩子第一次考试的时候，不论他考的成绩如何，父母都应该对他进行表扬和奖励。为什么这么说呢？因为第一次考试对孩子来说是非常重要的，它的意义不仅仅是考试成绩高低的问题，还是孩子开始接受系统学习和教育的开端。

考试就和上战场打仗一样，没有哪场战役可以在打仗的开始就做到十拿九稳，每场必胜。考试也是一样，没有一个学生可以保证自己在任何考试中都可以取得好成绩。所以，当孩子参加了第一次考试后，家长不要过多地关注孩子的分数，而是应该多关心一下孩子考试时的心理状态。

如果孩子第一次考试考得不错，家长就要对孩子进行适当的奖励。这里的奖励不一定是物质上的奖励，也可以是对孩子的夸奖。如果孩子在第一次考试的时候考得不理想，家长也不要过于担心和着急，更不要不问缘由就训斥孩子。

考试对孩子来讲还是一个全新的挑战。如果第一次考试就遭到父母的批评，孩子可能会害怕考试、厌烦考试，甚至失去对学习的兴趣。和失去学习兴趣相比，考试成绩不好并不重要。

家长应该告诉孩子：考试并不可怕，考得不理想也不可怕，重要的是要从试卷中找到失误的原因。

2. 该奖励的时候就奖励

对刚上学不久的孩子来说，他们是没有考试经验的。有的孩子甚至还读不懂题目，不知道应该写什么。还有的孩子因为不适应考场的氛围，难以发挥出平时的水平。

女儿刚上一年级的时候就遇到过类似的情况。一次月考，女儿的分数特别低，尤其是数学。我当时很疑惑，女儿平时做习题的时候都会，怎么会考这么低的成绩呢？

当听到女儿说出考试成绩的那一刹那，我真的很生气，也很担心，害怕女儿的学习成绩不好。不过我是个不主张因为考试成绩而责怪孩子的妈妈，所以我只是让女儿把试卷拿出来给我看看。我清晰地记得，数学卷子里有一道选择题，下面又分了几个小题，那几道小题其实女儿是会做的，可是她没看懂题目要求。题目要求的是把正确答案的序号填在括号里，而女儿是怎么答的呢？她填写的不是序号，而是把正确答案写在了括号里。就是因为没能按照要求填写，这道题的分数就全都给扣掉了。

我并没有责怪女儿，只是告诉她以后类似的选择题不要把答案写在括号里，而是应该按照题目的要求，让写序号就写序号，让写答案就写答案，不然，即使全做对了，也不会给分的。我的解释女儿当时并不能完全理解，只是似懂非懂地点点头。

那次为了让女儿从考试的阴影里走出来，我特意表扬了她。我的理由是，她的卷面保持得非常干净，并且字写得很认真。听到我的夸奖，女儿自然就不会对这次的分数那么在意了。

在生活中，孩子表现得优秀的时候，父母也要对他们进行表扬和奖励。例如孩子帮助妈妈打扫卫生的时候，孩子洗自己袜子的时候，家长都应该对其进行表扬和奖励。这些奖励既可以是物质上的，也可以是精神上的，例如给他买一个玩具，或是给他一个温暖的拥抱。

我们对孩子进行奖励的目的不仅仅是为了奖励，而是为了让孩子在心理上获得一种肯定和认可，同时也是为了帮助孩子树立起正确的人生观和价值观。

3. 该惩罚的时候就惩罚

孩子在成长的过程中一定会犯许许多多的错误，不犯错误的孩子是不存在的。当孩子犯错的时候，家长一定要让孩子接受惩罚。

例如孩子在学校里弄坏了同桌的一支笔，或者和同学打架了，作为家长，我们首先要让孩子向同学道歉，其次要让孩子明确是非观，勇于承担自己的过错。家长对孩子的惩罚可以是少吃一次零食，或是少看一次动画片，但绝对不可以打骂孩子。

我们惩罚孩子的目的是为了让孩子懂得无论是谁，只要犯了错误就要接受惩罚，并承担后果。这样，他才会知道什么事情该做，什么事情不该做。

有些父母对孩子过分溺爱，无论孩子做了什么错事也舍不得说一句，而且也不准许别人说。例如孩子在学校踢球的时候，无意间把学校的玻璃给砸碎了。这时家长可能会说："没事的，孩子也是不小心，不要批评他，我们会赔偿的。"也有的孩子和同学闹矛盾的时候容易打起来，一旦打起来，就会有人受伤。这时一些家长往往会把错误推到对方身上，认为一定是对方有错在先，而自己家的孩子则是无辜的。

　　这种急于袒护孩子的行为是最不可取的。家长的做法是在给孩子传达一个错误的信息：无论他做错了什么事情，都不必为其行为负责，最终父母都会为他解决的。这样的孩子以后会变得更加大胆，随着年龄的增长，孩子就有可能走向歧途。当他所犯的错误父母无法为其"买单"时，那时再后悔就来不及了。

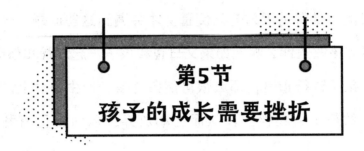

第5节
孩子的成长需要挫折

1. 告诉孩子挫折并不可怕

所有的父母都希望自己的孩子可以一生顺利，最好不要遭受任何的挫折。可是愿望归愿望，没有哪个人在一生当中不遭受任何挫折的。挫折是人生当中不可避免的，而父母不可能一辈子陪在孩子身边，为孩子遮风挡雨。

任何人在这一生当中必然会遇到各种各样的、或大或小的挫折。作为家长，我们应该培养孩子勇敢地接受挫折，勇于面对挫折，让孩子学会正确解决生活中遇到的那些挫折。

当孩子遇到挫折的时候，难免会有烦躁、郁闷的情绪，他们可能会觉得是因为自己倒霉，才会遇到这些问题。这时候父母应该做些什么呢？如果父母也和孩子一起烦躁和郁闷，甚至对孩子进行指责，那么很可能会让孩子产生心理上的压力，导致孩子害怕挫折，从而主动放弃许多对自己有利的机会。

所以家长应该帮助孩子正确看待挫折，帮助孩子从挫折的阴影中走出来，同时还要让孩子明白其实挫折并不可怕，遭遇挫折是一种非常平常的事情，无论是谁，想要做成一件事情，都必然会遇到各种各样的挫折。

平时，家长可以在孩子遇到挫折的时候趁机给孩子讲一些名人励志的故事，然后和孩子一起分析，看看这些名人为什么最终能够成功。让孩子知道，这些名人全都经受过多次的挫折，但他们却从来不会抱怨命运的不公，更不会气馁，反而还会把挫折当成成功之路的考验。正是经受住了这些考验，他们才不断地成长和壮大，最终走向了成功。之后，家长可以将孩子眼下遇到的挫折与那些名人所遇到的挫折进行比较，孩子就会自然而然地发现，自己所遇到的挫折与那些名人遇到的挫折相比简直微不足道。这时孩子遇到的挫折在无形当中就被缩小了，孩子也就可以勇敢面对了。

2．挫折不等于训斥和惩罚

俗话说"吃得苦中苦，方为人上人"。现在的家长非常重视挫折教育，他们觉得现在的孩子生活条件都过于优越，所以应该让孩子接受挫折教育。但是一些家长对挫折教育的理解是有偏差的，他们认为训斥、惩罚、打骂就是挫折教育，例如罚孩子抄试卷，不让孩子吃饭等。这样的教育方式真的可以称为挫折教育吗？答案显然是否定的。真正的挫折教育与训斥和惩罚不沾边。

挫折教育并不是人为制造的，而是孩子在成长道路上遇到的，不可避免地对他们的心理、生理等产生影响的事件，包括学习上的挫折、生活上的挫折以及身体上的挫折。

孩子在学习中遇到挫折的几率是最大的。对于那些学习成绩好的孩子，家长可以鼓励他们去参加一些全市的、全省的，甚至是全国性的竞赛活动。参加竞赛的肯定都是非常优秀的学生，他们之间的竞争会更加的激烈。在竞赛中，孩子的成绩可能不理想，甚至名落孙山。但是这个过程其实就是一场别开生面的挫折教育。家长可以趁机让孩子明白"一山还有一山高"的道理，让孩子明确自己的定位，从而更加清晰地认识自己。

  记得有一次，女儿放学回家后告诉我，老师让她报名参加英语竞赛。我看女儿说完后，闷闷不乐，我猜她一定是不想报名。因为女儿的英语水平一般，她只学了书本上的知识，对课外英语知识的储备几乎为零。而竞赛考的内容肯定要比课本上的知识难很多，所以女儿不愿意去参加竞赛也是情理之中的事情。

  我问女儿，老师是不是要求她必须参赛？女儿回答说，参加竞赛是自愿报名的，不过老师向她提出了参赛的建议。所以尽管她心里不愿意参加竞赛，但是又怕不参赛老师会对她失望。而且如果她参赛后，考得很差，其他的同学可能会嘲笑她。

  了解了女儿的想法后，我对女儿说，如果参赛了，你考得不理想，除了不能取得名次和奖品外，并不会有其他的损失。至于成绩差被人笑话，则更不必担心了。因为竞赛中的试卷本身就很难，而且类似的竞赛也只公布获奖学生的成绩，其余参赛学生的成绩是不会公布的，所以即使你考得不好也没人知道。如果不参赛，你不仅取得不了名次，还会白白地失去了一次锻炼自己的机会。

我还告诉女儿，参赛并不一定是为了获奖，我们可以只是为了去看看竞赛的题型，增长见识。

其实我还有一个目的没有告诉女儿，我希望她可以适应学校以外的考试环境。在学校里考试，教室、老师和周围的同学都是她早已熟悉的。考试时她不会产生太大的压力，而出去参加竞赛就不一样了，那里的考场、老师以及参赛的学生都是陌生的，在这样的环境下答题肯定会更加的紧张。因此，这次竞赛对女儿来说是一次不小的考验。

听了我的分析，女儿表示愿意去尝试，不过我必须答应，无论她考得有多不好，我也不可以埋怨她。我立即表示同意。

那次女儿参加竞赛回来后，告诉我那些竞赛的题型她以前连见都没见过，不过她还是坚持把会做的题都做了。

我问，其他参赛的同学考得怎么样？她告诉我说，多数同学和她的情况差不多，只有几个英语好的学生会的多一点。女儿叙述这些事情时，语气和平时说话时一样。看到女儿能够如此平和地面对这次失败，我在心里为女儿感到高兴。

在生活中，家长可以试着让孩子去做一些他并不太擅长的事情，例如在班级要竞选班干部时，可以让孩子报名参与选举，或者学校举办联欢会和才艺表演等活动时，鼓励孩子报名参加。无论孩子最终表现的如何，对孩子而言，这些经历都是非常宝贵的，有可能让孩子受益终身。

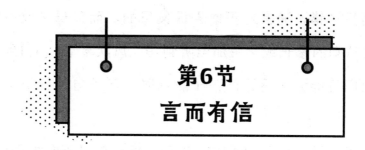

第6节
言而有信

1. 言而有信是相互信任的基础

言而有信，是中华民族优秀的传统美德。只是很多人只对外人言而有信，对自己的家人却并非如此。因为人们通常觉得自己的家人会包容自己，不会跟自己计较，所以即使自己对家人的承诺无法兑现，家人也不会在意。

通常来说，父母更容易忽略对孩子的承诺。家长总觉得孩子还小，没有跟父母商讨的权利。其实这样的想法本身就是错的。因为孩子自出生的那一刻起，他们就已经是一个独立的自然人了，只不过他们还没有独立承担事情的能力。

有些孩子天生胆小。这些孩子考试的时候没考好或是在外面犯了错，通常是不敢告诉父母的。而父母又或多或少地会从别的家长或学生那里听到些"风吹草动"，回到家后，他们可能会一再追问孩子。这时，孩子自然就更不敢说了。

有些家长往往会"诱骗"孩子，承诺自己不会惩罚他，然后让孩子说出实情，可一旦孩子将事情和盘托出，家长就会换一副脸孔，立刻去惩罚孩子。这样的做法当然是错误的。孩子也是有思维能力的人，这次家长骗他，让他说出了实情，结果却受到了惩罚。那么当他第二次犯错误时，家长依然用同样的手段来诱导孩子，那时，他还会说出真相吗？

这就和《狼来了》的故事所讲的道理是一样的。只不过《狼来了》里面骗人者是小孩，受骗者是大人，而现实中受骗者是孩子，骗人者是大人，但道理却是一样的。无论是多么聪明的骗子，只要经常骗人，终将失去别人的信任，即使有一天他说的是真话，也不会有人愿意再去相信他了。而且家长如果长时间欺骗孩子，孩子也会以同样的方式来欺骗家长，这种现象是很常见的，家长应该警惕。

古人讲"得黄金百斤，不如得季布一诺"。可见信义二字在人们心中的分量。孩子一生当中最早的老师就是父母，因此父母应该注重自身的行为和品德。这样孩子才会信任父母，同时他们也会习得重信义、守承诺的美好品德。

2. 不要轻易对孩子许诺

有的时候家长为了让孩子去做或不去做某件事情时，喜欢给孩子一些许诺，让孩子接受自己的建议。当家长的许诺对孩子有足够的吸引力时，孩子就会欣然答应，并且还会非常期待家长来兑现这个承诺。

然而，有些家长对孩子的许诺只是缓兵之计，并没有打算真的要那么做。例如有的家长为了让孩子考试取得好成绩，就会跟孩子说，如果你能考到多少分或是多少名次，就给你买一件玩具或衣服。这样的许诺对孩子来说肯定有很大的吸引力，最终孩子的考试成绩很可能会比平时高许多。到了家长兑现承诺时，有的家长则会推脱之前的承诺，甚至一而再，再而三地推脱。时间久了，孩子自然就失去继续追着让家长兑现诺言的兴趣了。

这样下次考试的时候，家长如果再以同样的办法来"诱骗"孩子，孩子可能就不会再相信家长了。遇到这样的情况，家长一定要给予孩子合理的解释，或者直接向孩子道歉，然后采取补救措施，让孩子相信家长。《曾子杀猪》讲的就是这个道理。

曾子的妻子要出门，儿子想要一起去。曾子的妻子为了说服儿子不要和自己去，就说等自己回来后，就给他杀猪吃。儿子立刻就答应了。

其实曾子的妻子只是骗骗儿子，并没有真的想把猪杀掉，但是曾子却坚持认为，孩子缺少判断能力，需要向父母学习，听从父母给予的正确教导。如果父母欺骗孩子，就是在教育孩子骗人。作为父母首先要诚实做人，才能教育孩子诚实做人。因此曾子坚持把猪杀掉，给儿子吃了。

《曾子杀猪》的故事值得我们所有的家长学习。曾子为了将妻子的一句"谎言"变成"真话"，不惜将家里的猪杀掉，这样的魄力并不是所有的家长都具备的。可见诚实守信在家庭教育中占有多么重要的地位！

3. 教育孩子要从小事做起

几年前我开过一家洁具商店，因为一些原因不得不关停这家商店。为了可以多收回些本金，我决定将商店里现有的商品进行降价处理。因为商品的价格比较低，所以积压的商品很快就被卖得差不多了。

那天外面下着小雨，一前一后进来一胖一瘦两个女顾客。胖顾客向我打听了几样商品的价格后，把目光落在了一个洗手盆上，这是我的小店里剩下的最后一个洗手盆了。胖顾客和我讨价还价了许久，给出的价格还不够本金呢！因为是降价处理，我就答应卖给她了。

就在胖顾客要付钱的时候，那个一直没说话的瘦顾客突然插话说，她要买那个洗手盆。我告诉她这个是最后一个了，而且已经卖出去了。结果瘦顾客说："不是还没交钱吗？如果你把洗手盆卖给我，我可以多出十块钱。"我坚持说："即使你多给钱也不能卖给你，因为我已经答应把它卖给这位顾客了。"瘦顾客听我这样说，便气愤地离开了。

等胖顾客找来车子把洗手盆拉走后，女儿才问我："妈妈，你为什么一定要把洗手盆卖给那个给钱少的胖阿姨，而不愿意把洗手盆卖给给钱多的那个瘦阿姨呢？那样不是可以少赔一点吗？"女儿当时还取笑我，说我傻！我告诉她："因为在那个瘦阿姨要买之前，妈妈已经答应把洗手盆卖给胖阿姨了，所以当然不能再把它卖给别人了，答应别人的事情就要算数嘛！做买卖最重要的就是要守信，不能因为十块钱就让人家说咱们不讲信用！"

经过这次事件，女儿一直要求自己在做任何事情的时候，首先要把诚实守信放在首位。对此，我感到非常欣慰。

生活中，家长对孩子信守承诺的同时，也要要求孩子诚实守信。例如女儿每次进行小测验的时候，我都会要求女儿不论会还是不会，都要坚持自己答题，只有这样，考出来的成绩才是真实的。如果你靠抄袭取得了好成绩，即使是满分也毫无价值，因为你并没有真正掌握知识。

长时间以来，诚实守信一直是我和女儿之间共同遵守的约定。

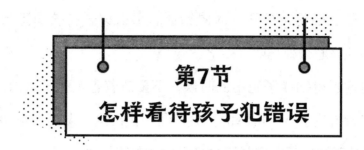

第7节
怎样看待孩子犯错误

1. 犯错并不可怕

许多家长害怕孩子犯错误，觉得犯错误是件十分可怕的事情，时常告诫孩子绝对不可以做错事情，甚至给他们立下了许许多多的规矩。其实犯错并不可怕，在犯错之后还不知道自己是在犯错才可怕！

孩子年龄较小，缺乏生活经验。许多时候，他们对于对和错的概念是模糊的，对于对和错的分辨能力也有限。这个时候就需要家长出面，对孩子进行正确的疏导和教育，给予正确的指引，让他们清楚什么是对，什么是错。

人都会犯错误，只是不同的人犯的错误不同而已，所以家长也要正确看待孩子平时的错误。那么家长在孩子犯错的时候，应该怎么处理呢？

当家长得知孩子犯错的时候，不要急着否定孩子的做法，而是应该给孩子一个解释的机会，让他说出这么做的理由。听完孩子的理由之后，家长再去想具体的教育方法。

可能一些家长认为错了就是错了，任何理由在错误面前都会是无谓的辩解。而事实上，许多孩子犯错也是有令人动容的理由的。

儿子上幼儿园的途中会路过一户人家，那家门口有个用铁栅栏围成的小院子。那天，我像往常一样去接儿子放学，当我们路过那户人家的时候，儿子突然径直跑到栅栏跟前，试图钻进栅栏里面。我见状赶紧上前加以阻止。

当时，我并没有训斥儿子，只是问他为什么要去钻栅栏。儿子给出的回答让我大吃一惊，他说："我要进去把那个矿泉水瓶捡出来！"听儿子这么一说，我才注意到在那个栅栏里面的确有一个空的矿泉水瓶，我疑惑地问他："你要那个瓶子干什么？"儿子接下来的回答更是让我哭笑不得了。他说："我要把那个瓶子拿回去给奶奶，让她拿去卖钱，这样奶奶就可以多卖一点钱了。"

在了解儿子真实的想法后，我首先对儿子的想法提出了表扬。然后，我又给他分析这件事的不妥之处：

第一，钻栅栏这个行为是十分危险的，很有可能会在钻的过程中剐伤自己。

第二，瓶子在别人家的栅栏里，说明那个瓶子可能是有主人的。而有主人的东西我们是不可以去捡的，不管东西的主人在还是不在现场。

听了我的话，儿子若有所思地说："哦，他们还要啊？我还以为扔在地上的都是没人要的东西呢！"

瞧，我的儿子其实根本就不知道去栅栏里捡瓶子是不当的行为。如果我不问缘由就对儿子进行训斥，那么结果又会如何呢？他一定会觉得自己明明没有错，结果妈妈却训斥了他。

我庆幸自己没有冲动，否则以后儿子很可能再也不会去做"捡空水瓶儿"这样有意义的事情了，而且他也许再也不会送给奶奶或是我这个妈妈任何东西了，哪怕仅仅是一个价值几分钱的水瓶子。

2.给孩子足够的尊重

生活中，我们常常会遇到这样一类人，他们喜欢当众指出别人的错误，而且一定要事无巨细地指出来。然而这样的做法，不仅让当事人觉得难堪，也会让其他旁观的人感到尴尬。最重要的是指责别人的人也不会得到什么好处，甚至会让别人觉得他们刻薄。如果被指责的对象是孩子，不仅家长会觉得难为情，而且也会严重影响孩子的身心健康。

　　女儿学校里，有一个年轻的女班主任。她每天都坚持亲自把学生送到学校的大门口，等待家长们一个个地将学生接走。在家长接走自己的孩子之前，她还会当着孩子和其他所有学生和家长的面，将孩子在学校里的表现告诉家长，尤其是孩子的一些缺点和在学校里不好的表现。

　　例如孩子上课注意力不集中，作业写得不认真；孩子在上课的时候有很多小动作，不积极回答问题等。

这位老师一定是一位负责任的班主任，不然，她绝对不可能对班级里的每一个学生每一天的行为都了如指掌。但是，这位老师在学校门口当着众多学生和家长的面，一个个点出自己班级学生所犯的这些错误是否妥当呢？随着时间的推移，我渐渐地发现了一个现象：这位女班主任领着学生在大门口等待家长的时间越来越长，她班级的那些学生家长们好像一个个都很忙似的，都要等到其他班级的学生走得差不多了才出现。

谁不想早点接孩子回家呢？问题是在接孩子的过程中，家长还要去听老师当众对自家孩子事无巨细的汇报，这着实让家长和孩子吃不消。我不知道这位女老师有没有想过家长迟迟不肯出现的原因。

老师将学生在学校的表现及时告诉给家长的做法是负责任的表现，可是她做事的方式伤害到了孩子和家长的自尊。家长一次、两次或许还可以忍受，但时间久了，家长们就渐渐地形成了一种默契。他们晚去学校一会儿，这样其他的学生和家长就走得差不多了，那么即使老师说得再多，也不会被其他的学生和家长听到了。这样就变相地在一定程度上保护了孩子和家长的自尊心。

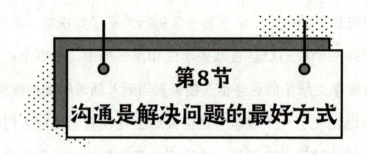

第8节
沟通是解决问题的最好方式

1. 在互相尊重的前提下进行沟通

　　孩子在成长的过程中，会遇到各种各样的事情，有高兴的，有悲伤的，有成功的，也有失败的。无论是哪一类事情，不管结果如何，家长都应该及时和孩子进行沟通。因为沟通可以让家长更了解孩子的需求，同时，对孩子而言，沟通也是一次情感的释放。

　　父母在孩子的成长过程中，一直承担监护人的角色。因此父母对孩子而言，无论是在身体上还是心理上都具有权威性。但是有些家长在孩子遇到问题的时候，总喜欢以自我为中心，给孩子讲一堆大道理，却完全不理会孩子的感受。等家长结束自己的长篇大论后，再给孩子留一句："你要好好想想，看我说的话有没有道理！"然后就该干什么干什么去了。

这样的沟通是无效的，因为这些家长只是在向孩子阐述自己的想法，完全没有倾听孩子的想法。显然，这种沟通方式也是不公平的。家长并不尊重孩子，也没有把孩子放在与自己平等的位置上。这就像我们日常和他人交往一样，如果想要交流得顺畅，就应该"有来有往"。

这里所说的"平等的位置"包含两方面，一个是身体上的高度平等，一个是心理上的高度平等。

身体上的平等，是说孩子身高比较矮，家长最好蹲下来或是弯下腰来和孩子说话，能够和孩子四目相对。近距离的交谈，可以让父母看清楚孩子的眼神和面部表情，有利于观察孩子的情绪变化，从而达到有效沟通的目的。

心理上的平等，是家长要在心理上平等地看待孩子，把孩子当成平等交流的对象，而不是摆出"大家长的权威"。孩子是一个独立的个体，随着年龄的增长，他们的心智也会逐渐成熟，对生活中的事情会有独到的看法。所以家长如果想了解自己的孩子，就要在心理上将孩子与自己放在同等的位置上。

孩子倾听了父母的建议，而父母却拒绝了解孩子的想法，这种"有来无往"的沟通很难建立起良性的亲子关系。而且下一次孩子可能会排斥或是拒绝与父母进行沟通，所以平等和尊重是沟通的基础。

2. 沟通要把问题具体化

还有一类矫枉过正的家长，他们非常期待并且愿意跟孩子沟通，但又战战兢兢，害怕伤害孩子的自尊心。聊天的时候，他们都是含糊地跟孩子说一些道理，希望孩子能自己在心里"对号入座"。家长认为这样的方式可以避免和孩子发生冲突。但是孩子的思维方式与成人的思维方式是不同的，而且孩子不是家长肚子里的"蛔虫"，所以在这样的情况下，孩子大多时候很难明白家长的意图，没准还在心里嘀咕："他们今天是怎么了，说话怪怪的，我都听不懂！"

　　因此，家长在和孩子进行沟通的时候，一定不要说一些模棱两可的话，而是要指出具体的事件，这样才可以从根本上解决问题。

　　当父母发现孩子撒谎的时候，一定要主动和孩子沟通，问明孩子撒谎的原因。其实，孩子撒谎最主要的原因可能是孩子不信任父母，害怕父母知道后会对自己进行训斥和打骂。所以父母最好控制自己的脾气，不要经常训斥孩子，更不要打骂孩子。

　　如果孩子平时写作业非常认真，忽然有一天写得非常的凌乱，这时家长应该主动和孩子沟通，问明原因，然后对症下药。其中的原因可能是，孩子和某个同学约好一起出去玩，老师今天留的作业比平时多，孩子今天在学校里和同学闹矛盾心情不好等。这些都是一些隐藏的信息，需要家长放平心态，耐心倾听。

　　我带孩子去超市购物时，儿子经常会问我："妈妈，那个阿姨为什么给你东西啊？"注意，这里孩子说的是"给"，而不是"买"或"卖"。当我告诉他这个东西是我花钱买的，他则会显得非常惊讶，说："什么是买？"

于是以后我带孩子出去购物的时候，就喜欢把钱先交给他，再由他交给店员。几次之后，孩子就完全可以理解买东西是需要付钱的了。

这就是一个具体问题具体沟通的例子。

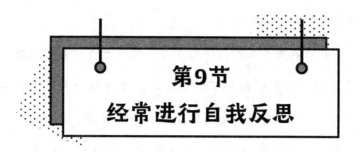

第9节
经常进行自我反思

1.孩子考试成绩不理想时，家长做了什么？

所有的家长都重视孩子的学习。因此，家长们非常在意孩子的学习成绩，常常是孩子考得好时就喜气洋洋，孩子考得不好就一脸冰霜，而且这种状态已经成为很多人家里的日常。我也曾经历过同样的事情。

女儿上四年级的时候，有一次数学测验只考了86分。我当时很生气，因为平时女儿的数学成绩一直都在90分以上。于是我想当然地认为，女儿一定是因为最近不认真学习，所以才考不好的。我没看卷子，就直接训斥了女儿。女儿伤心地哭了。

等我认真看女儿的数学卷子时，发现一道计算题的结果是对的，但是被扣分了。女儿说，老师扣分的原因是她没有写"验算"。我又重新看那道题的题目，上面的确是只写了"计算"两个字，并没有写明需要写"验算"，但是标准答案里却有"验算"这一步骤，而且老师前几天讲了"验算"。所以严格来说，女儿的这 10 分扣得有点"冤枉"。本来她就为此感到委屈，结果又被我训斥了一顿。

女儿一向是个懂事的孩子，她考得不好心里一定很难过，这时的她需要的是妈妈的安慰和鼓励，而我却训斥她，显然是我做错了。我向女儿道歉，并鼓励她："一次考不好没关系，下次努力就好了！"

所以，家长一定要弄明白事情的原委，再下结论，这样才能更好地解决问题。家长要给孩子正确的建议，而不是让孩子觉得家长是一个"暴君"。

2. 家长对孩子足够尊重吗？

　　每一位家长都是爱孩子的，但是有时候这份爱太过沉重了，超出了孩子的承受能力，这时孩子需要的往往不是爱，而是尊重！

　　举一个简单的例子，有些孩子有每天写日记的习惯。家长为了了解孩子的真实想法就会偷偷地去看孩子的日记。家长觉得看孩子的日记只是为了更好地了解孩子的想法，及时地纠正孩子的错误。可是家长却忽略了孩子也是需要有自己的"小秘密"的。这些"小秘密"就是孩子的隐私，也是孩子成长过程中的标记。而家长偷看孩子日记的行为就是不尊重孩子隐私的表现。如果孩子知道家长偷偷看他的日记，那他一定会对家长感到失望。

　　当父母从日记里发现一些他们觉得有必要纠正的问题，并且去找孩子谈话或者训斥孩子时，孩子很可能再也不想写日记了。

　　从这件日常生活的小事中，我们可以看出一个问题：家长常常以爱的名义去做伤害孩子的事，而且这种现象非常普遍。在孩子产生反感情绪时，家长也会觉得委屈，但问题的根源却出自家长。

我们需要认真思考的是，作为家长，我们对自己的孩子真的足够尊重吗？

生活篇

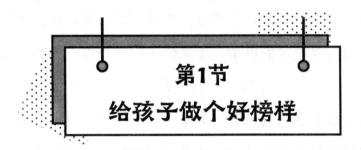

第1节
给孩子做个好榜样

1. 榜样的力量

父母是孩子最早接触的人。还处在幼年时代的孩子喜欢模仿父母的言行举止。

人们常说有什么样的父母就有什么样的孩子，这句话虽然简单却是有道理的。在孩子成长的早期，细心的人就会发现：如果妈妈性格比较温和，孩子的性格也比较温和；如果妈妈性格比较急躁，孩子的性格也比较急躁。对孩子来讲，父母就像是他们生活中的启蒙老师，而生育孩子并哺育孩子的妈妈，对孩子的影响则更大。

父母就像是孩子的第一本书，承载着许多孩子急切需要学习的东西，例如说话、吃饭、走路、学习等。这些通常被人们认为习以为常的事情，正是孩子们成长过程中最需要学习的。

所以孩子在去幼儿园之前，所学的东西大多来自父母。如果父母想要培养出自己所期待的那种独立、懂礼貌、爱学习的优秀孩子，最好的办法就是自己先做到，这样孩子就会在模仿的过程中养成一种良好的习惯。并且一个好习惯被养成后，将会伴随孩子的一生。

榜样的力量是巨大的，尤其是自己身边的榜样。古人讲的"与善人居，如入芝兰之室，久而不闻其香"就是这个道理。

2. 共同学习，共同进步

父母常常喜欢对孩子说："你一定要好好学习，只有好好学习，长大了才会有出息。"然而，在一些父母看来学习只和孩子有关，和家长一点关系也没有。事实并非如此，如果家长愿意和孩子一起学习，不仅可以给孩子起到表率作用，还可以辅导孩子。

女儿第一次英语测验只考了 86 分。女儿跟我说，他们班里有好多人考了 90 多分，甚至还有几个 100 分的。女儿说这些话的时候有些不开心，因为她觉得我会给她买英语课，让她提高英语成绩。其实，我不愿意勉强女儿做她不喜欢做的事情，就给她一个提议：这段时间，在家的时候好好学英语，如果下次考试比这次的成绩好，就不增加课外学习了；如果成绩下降了，就只好多增加课外学习。对我这样的提议，女儿想也不想就答应了。

我知道只靠女儿自己的力量是没办法提高她的英语成绩的。因为她刚刚学习英语，根本就掌握不了学习方法和技巧，所以只能由我来辅导她了。

我原以为靠我以前的英语基础可以教女儿，结果等真的去做的时候，却发现我想得太简单了。一是我已经好多年不上学，以前会的那些英语知识已经忘得差不多了。二是现在的教材和以前的差别很大，女儿英语书上的单词我竟然有三分之一是不认识的。

为了不让女儿失望，也为了帮助女儿提高英语成绩，我去书店买了一本厚厚的英语词典。每天我都会把女儿要学的新单词抄下来，然后一个个地去查英语词典，再把汉语意思和音标抄到纸上，然后教女儿，是真正的"现学现卖"。

此后，每天我都会和女儿抽出一些时间学习英语。好笑的是，充当"辅导老师"的我没背下来的单词，女儿这个"学生"反倒背下来了。

大约一个月后，老师再次进行了英语测验，这次女儿考了90分。虽然比之前只提高了4分，但就是这4分让我和女儿看到了希望。之后我和女儿更加努力地学习英语，最终女儿的英语成绩也可以考到95分以上了，偶尔还能考100分呢！

我和女儿一起学了两年的英语，在她上五年级的时候，她已经可以自己学习英语了。因此，我的英语再次"荒废"了。有时我还会和女儿开玩笑说，这就叫"青出于蓝而胜于蓝"。

虽然我在学习英语上没有真正做到"学会"，但是我用实际行动告诉女儿，只要找对方法，不断努力，就能达到自己的预定目标。

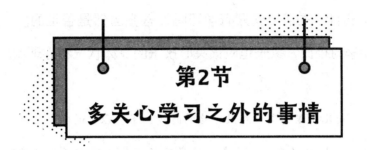

第2节
多关心学习之外的事情

1. 多关心孩子的身心状况

　　毫无疑问，每一位父母都是关心孩子的，可是父母们对孩子的关心又都表现在哪里呢？

　　"怎么还看电视？考试能考 100 分吗？"

　　"成绩不好，还好意思去找同学玩，也不怕人家笑话？"

　　"不趁放假的时候多补补课，开学能跟上吗？"

　　……

　　看看吧，多数情况下，父母都只是在关心孩子的学习，难道孩子们的生活里就只有学习吗？答案当然是否定的。

和学习相比，家长也应该关心孩子的身体状况和心理状况。

女儿班里的同学在做体检的时候，半数以上的学生都近视。令人不解的是，很多父母居然还不知道他们的孩子近视了。

我不是医生，更不了解这些孩子的家庭情况，但希望这些孩子的家长早点关心一下孩子的健康，不要总是把眼睛盯在试卷的分数上。

身体健康是做其他事情的前提条件，如果没有了健康的身体，学习再好又能怎样？

最近几年，我们经常会在电视上或网络上，看到一些关于孩子的负面新闻，例如因为高考成绩不理想自杀的，因为日常生活中的一点小矛盾就投毒或杀人的，还有因为日常琐事谋杀父母的，等等。

面对这些案例，家长应该有所反思。我们在教育孩子的时候，是不是忽略了一些比学习更重要的东西——孩子的心理素质教育。

　　无论是自杀还是杀人都是一种极端的行为。是什么让这些孩子的心理变得如此扭曲、冷酷呢？俗话说"冰冻三尺非一日之寒"，人的性格也绝对不是一朝一夕就可以改变的。所以父母要经常关注孩子的日常表现，经常与他们谈谈心，了解他们的心理状态。另外，与孩子相关的事情，父母也要多征求他们的意见。

　　身心健康对孩子的成长至关重要，家长们一定要重视起来。

2. 允许孩子发展兴趣爱好

　　许多父母为了让孩子专注于学习，不准孩子去做任何与学习无关的事情。当孩子向他们提出想要去打篮球、跳绳时，有些家长会说，有玩儿的时间，还不如好好学习呢，等你考上了大学再玩也不晚。

　　当家长千方百计地让孩子远离兴趣爱好时，并没有想过这么做的后果。孩子们的兴趣爱好一直得不到满足，他们对学习的积极性也会下降，甚至还会在心里埋怨家长限制了他们的自由。有的时候，孩子为了满足对兴趣爱好的需求，可能会欺骗家长。

事实上，孩子有自己的兴趣爱好是一件好事。许多孩子喜欢打球。打球对孩子来说不仅可以锻炼身体，还可以锻炼孩子的团队意识，同时也有助于孩子人际关系的发展。而且孩子的兴趣爱好得到了满足后，他们的心情就会变得愉悦，学习也会更加专注。

只要孩子的兴趣和爱好是合理的、健康的、有益的，家长就应该给予支持和鼓励，甚至也可以参与进去。这样不仅可以满足孩子的愿望，还可以让孩子感觉到父母对他们的关心和爱护，使亲子之间的关系更加融洽。

女儿从小就喜欢小动物。小猫、小狗、小鸡、小鸭子都是她喜欢的对象。每当在路上看到小动物，女儿都会凑过去看一会儿。有一回我和孩子们一起去花店，那家花店里不仅卖花，还卖小乌龟。女儿和儿子一见到小乌龟就喜欢得不得了，一定要让我给他们买两只，我答应了下来。

自从有了这两只小乌龟，女儿在家的时候，总会抽时间陪小乌龟玩一会儿，她对小乌龟的一举一动都观察得很仔细。不久后，女儿期中考试的语文作文就是让写小动物给自己带来的乐趣。女儿写了一篇《小乌龟给我带来的快乐》。这篇作文得了全年级最高分，还被老师复印出来，发到了他们这一届学生的手中。

3. 关注孩子的人际关系

人际关系是人与人之间通过直接或间接交往而形成和发展起来的关系。人际关系的好坏直接影响人的幸福指数、心理状态。通常人们认为人际关系只对成人重要，对孩子不重要，甚至可有可无。这种看法是不对的，孩子也需要社交。学生时代的社会关系主要体现在两个方面：一是学生与老师之间的关系，二是学生与学生之间的关系。

师生之间的关系是否融洽，直接影响孩子在学校时的表现和学习成绩。如果学生与老师之间的关系融洽，孩子在学校时的学习积极性就会高，学习成绩自然也会好。反之，如果学生与老师的关系不好，学生就不爱听课，经常走神，学习的积极性和成绩自然也会降低。

　　同样的，如果同学之间的关系融洽，孩子就愿意去上学，也愿意参加集体活动。在他遇到困难的时候，同学们也愿意去帮助他。相反，如果一个孩子与同学之间的关系处理得不好，他就会厌恶学校，甚至拒绝去上学。这样的孩子通常性格比较孤僻，不爱说话，既不会去主动帮助别人，也不愿意接受别人的帮助。

　　如果一个孩子长时间处理不好人际关系，影响的不仅仅是他的学习，还会直接影响他的人生观和价值观。

　　家长平时应该注意关心孩子的人际关系，如果发现孩子的人际关系处理得不好，应该及时地对孩子进行疏导，一起想办法进行改善。

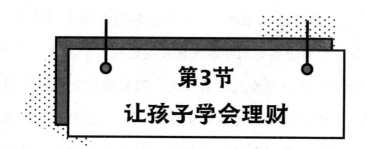

第3节
让孩子学会理财

1.让孩子正确认识钱的作用

　　说到理财，许多人都认为理财是成年人的事情，和孩子无关，许多家长甚至不让孩子接触钱财。其实这种想法是不对的。

　　家长从小培养孩子的理财意识，对孩子的健康成长是很有好处的。它可以帮助孩子正确地认识金钱在生活中的作用，还可以帮助孩子从小养成勤俭节约的好习惯。

　　女儿小的时候，我也和大多数的妈妈们一样，不敢带她去超市，害怕她什么都要，所以常常趁她上幼儿园的时候去超市购物。

　　女儿总会问我："东西是哪里来的？"我则自以为幽默地

回答说："是妈妈变出来的呗！不然还能是从哪里来的？"那时候，女儿一有想要的东西就央求我给她变一个。

如果家里恰好有女儿要的东西，我就会让女儿闭上眼睛或是呆在一个屋子里，然后偷偷给她拿来。如果女儿想要的东西家里没有，我则会说："妈妈今天的魔法用完了，要等明天才能变出来呢。"女儿虽然有些不太高兴，但也能接受。

记得第一次带女儿去一家小超市是因为急需买一袋盐。女儿进入那家超市后，先是愣了一下。我估计女儿一定是因为第一次见到那么多的商品才愣住的。虽然那家超市不大，货物的种类也不齐全，但对于从未进过超市的女儿来讲，已经足够多了。女儿呆了几秒钟，很快就缓过神儿来，然后以极快的速度跑向一个拐角处，做了一个滑稽的动作。

她张开双臂，抱住了拐角处的一大堆饮料。看着女儿的举动，我在心里打上了一个大大的问号。想了想，我很快找到了答案，在女儿的意识里，所有的物品只要到了谁的手里就是谁的，所以她才会跑过去抱住饮料。

从那天起，我就时常带着女儿一起去超市买东西，而且我还喜欢把钱给到她手里，由她交给收银员，女儿每次都很开心。

　　至于最初担心的问题——害怕女儿进入超市后见什么要什么，只在最初的时候有过几次。后来再去超市的时候，我就和她"约法三章"：一是进入超市后不许乱动里面的东西，二是只能买一个零食，三是不可以买太贵的东西。

　　经过多次实践，女儿去超市的时候，就不会去乱动货架上的东西了。因为她已经懂得要想获得它们，需要支付一定数额的金钱。她在选零食的时候，也总是会先问问我："妈妈，这个贵不贵？可以买吗？"如果遇到比较贵的，我就会直接告诉她："宝贝，这个有点贵，你再看看其他的东西吧。"女儿每次都会考虑几秒钟后点点头，把手里的东西放回原位，继续去找其他的商品。

　　有的时候，女儿选完一种零食后，我又觉得另外的一个也不错，就告诉她今天可以买两个，原以为女儿一定会很高兴，可是女儿居然摇摇头说："不要了，你瞧，我已经有一个了。"听女儿这么说，我心里非常高兴，同时也觉得自己当初的想法有些可笑。

　　等女儿稍大一点的时候，我还会给她一些钱，让她去附近的小超市里自己买吃的。我不会限定她具体买什么，告诉她只要是钱够，想买什么都行！这样不仅可以让孩子了解一些商品的价格，还可以培养她的选择能力。而且超市里相同和相近价格的商品有许多，挑选商品的过程可以让女儿学会平衡和取舍。

等到女儿再大一些的时候，我就会拿出 10 元、50 元或 100 元钱给她，让她去小超市里买东西，然后告诉她只能花其中的 5 元或是 10 元。女儿每次都不会让我失望。

因为这样的锻炼，女儿从小就学会了控制欲望，绝对不会出现有多少花多少的情况，并且这样做还提高了女儿的计算能力。

2. 理财可以让孩子养成勤俭节约的习惯

父母很少向自己的孩子透露家庭经济状况，即使不小心提到也会用其他的事情遮掩过去。其实大可不必这么做。让孩子了解家里的经济状况，既可以让孩子知道家里的购买能力，也可以让孩子体会到父母为了养育他们所付出的努力，同时还可以让孩子养成勤俭节约的好习惯。

有一次我带着女儿逛商场，女儿看上了一个小存钱罐。

我便把那个存钱罐买下来送给了女儿，告诉她说："以后你可以把自己花不完的零用钱放进这个存钱罐里，这样就不会在你需要钱的时候，找不到它们了。"

自从有了这个存钱罐，女儿就把余下来的零花钱都放进存钱罐里。有时我也会主动把身上的硬币交给女儿，让她一起存进她的存钱罐里。女儿的存钱罐慢慢地变重了，有时她会把里面的钱倒出来，乐呵呵地数。

后来女儿的存钱罐掉在地上摔碎了，我让女儿把那些硬币数一数，看看是多少钱，然后我用纸币和她等价交换。具体的金额我已经记不清了，只记得那些硬币我用来坐公交足足花了两个月。

没有了存钱罐，女儿依然热衷于攒钱。她从来不会把到手的钱一次性花完，不论是我给的钱，还是过年的时候亲戚们给的压岁钱，抑或是她自己发表文章的稿费，她都会想办法存起来一部分。

现在，女儿买东西从来不会超出她的支付能力，更不会要求我给她支付，因为她知道赚钱很辛苦，攒钱更是不易，绝对不可以浪费！

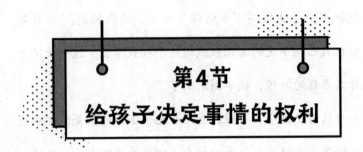

第4节
给孩子决定事情的权利

许多家长无论大事小事都喜欢替孩子做决定，他们觉得孩子没有什么阅历，缺乏经验，容易做出错误的决定。因此，家长们在不知不觉中剥夺了锻炼孩子的机会，以至于孩子长大后毫无主见，缺乏责任心。

可是，家长有没有想过，就算孩子做的决定是错误的，他们也表明了自己的想法，不是吗？而且谁能说孩子所做的决定就一定是错的呢？如果孩子接连两次的决定都是错的，到第三次的时候，他一定会变得特别谨慎，考虑的问题也会更加全面。

所以家长应该尽早把决定事情的权利"下放"到孩子手里，这样孩子才会更加懂得责任的意义。

女儿五岁时，有一次我领着她去集市上买东西，结果女儿被一个摊位吸引住了。那个摊位前排了很长的队。是什么商品卖得这么火爆？不仅是女儿，就连我也起了好奇心。

我们走进摊位一看，居然是免费抽奖的。我想您应该已经猜到了，没错，他们正在进行的其实就是诈骗抽奖活动。

抽奖的规则是，顾客不必花钱就可以直接抽奖，如果抽到的卡片上面写着"100"，就可以从他们手里领到100元现金；如果抽到的卡片里面是空白的，就需要花100元钱购买他们的商品。

这样的规则听起来很有诱惑力。我和女儿在那里站了一会儿，看到那些抽奖的人居然全都抽到了100元现金奖励。看着那些人笑呵呵地拿着100元现金离开的时候，女儿抓着我的手说："妈妈，你看，他们抽到的全都是100块钱，咱们也去抽吧！"

"可是，抽奖的话，既有可能抽到的是现金奖励，也有可能不是，那样的话咱们就必须得花钱买他们的商品才行！"我有点担忧地说。凭经验我总觉得这伙人似乎不对劲。

"妈妈，我也想抽奖。"女儿又说了一遍。

"可是，万一抽不到现金奖励呢？"我弯腰问女儿。

"可是，我看那些人抽到的都是100元啊！这么多人全都抽到了，咱们要是抽的话，也一定可以抽到的！"女儿指着眼前那些拿着抽到100元奖励后离开的人说。

经女儿这么一说，我发现他们抽了这么长时间，居然无一例外地全都抽到了100元的现金奖励。这个获奖比例也太高了吧？这不是就等于是在"发钱"吗？天下真的会有这么好的事？

我更加坚信这个抽奖活动是这些人设的一个局，而那些排着队抽奖的人估计全都是他们一伙的。我再次抓起女儿的手说："宝贝，咱们还是走吧，你别看他们都能抽到100元现金，可是咱们要是抽的话，肯定抽不到。"

"我想抽奖！"女儿第三次说。

我拉着女儿的手在那里站了一会儿，那一刻我想了许多，女儿现在还小，面对这样的骗局我可以把她带走，可是以后呢？我能一直陪在她的身边吗？而且我必须要让她明白这个世界上没有"天上掉馅饼"的好事。

经过思考，我将去不去抽奖的决定权交给女儿，由她来决定到底是抽还是不抽?

我蹲下身,盯着她的眼睛说:"宝贝,这件事的决定权就交给你了,你说抽就抽,不抽就不抽。不过妈妈要提醒你,如果真的可以抽到钱的话妈妈不要,全给你;可是如果没有抽到,我们就要花钱买商品了,你以后这段时间就得省着花钱了,因为钱在这里浪费了,就得在其他的地方省回来。"

女儿毫不犹豫地点点头。

然后我和女儿也加入到抽奖的队伍中去了。很快就轮到女儿抽奖了,那个拿着奖票的人看到我女儿时愣了一下,她把一个装满卡片的盒子递了过来。

很快女儿就选出了一张,还没等我看清楚卡片长什么样子呢,那个人就从女儿的手里"夺"过卡片撕开了。结果和我预期的一样,那张卡片上一个字也没有。

我递过去 100 块钱,对方扔给我一件盒装的衣服。

回家的路上女儿闷闷不乐,我既没有安慰她也没有批评她,我知道女儿需要时间自己想一想。

回到家,女儿急切地打开盒子,发现里面的衣服很廉价,根本不值 100 块钱。

虽然从头至尾我都没有说女儿一个字,可是她还是哭了，哭得很伤心，我知道她是心疼那 100 块钱。我把她搂在怀里轻轻地告诉她："宝贝，没事的，咱们就当花钱买教训了。以后你一定要记住，天上永远不可能掉馅饼，人必须要通过自己的努力才能得到想要的东西！"

从那以后，我们偶尔还会遇到类似的抽奖活动，女儿每次都会拽着我的手说："哎呀，别看了，肯定是骗人的！"看她那个样子，好像是害怕我会上当似的。

多年来，那次抽奖的事情时常会被我想起，我知道那一次对女儿来说，她做了一次错误的决定，可是我一直觉得当时把是否抽奖的决定权交给女儿的决定是正确的。

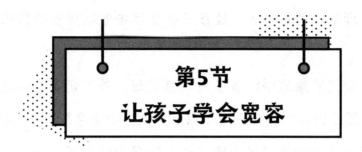

第5节
让孩子学会宽容

1.严于律己，宽以待人

　　"严于律己，宽以待人"是中华民族的传统美德。但在生活中要想真正做到这一点，却是极其不易的。人与人之间总是需要直接或间接地接触，在接触中就会产生各种各样的关系，同时也会伴随各种矛盾。

　　这种矛盾，不仅仅存在于成人与成人之间，也存在于孩子与孩子之间、孩子与老师之间、孩子与父母之间。而围绕在孩子之间的矛盾，家长却很少过问。其实这些矛盾，家长应该重视起来，并教育孩子，让他们尽可能地学会用宽容的态度去处理问题。宽容可以让孩子拥有一颗善良的心，让孩子学会理解和尊重他人，让孩子在生活中收获更多的快乐和幸福。

在现代的家庭中，孩子每天被父母、爷爷奶奶、姥姥姥爷等人围绕着，他们几乎成了家庭里的"小皇帝""小公主"。正是因为这些孩子已经习惯了众星捧月似的生活，所以当他们进入到学校的时候，更容易与同学、老师发生摩擦。

这个时候孩子该怎么办？家长该怎么办？

在与一些家长们闲聊的时候，我经常会听到有些家长抱怨自己家的孩子被同学欺负了。原因很简单，可能是这个孩子不小心踩了那个孩子一脚，那个孩子把这个孩子的衣服弄脏了，或是这个孩子把那个孩子的铅笔给弄丢了之类的。当谈及孩子受欺负后，家长们个个义愤填膺，总觉得是别人家孩子的错。

可能最初的时候，家长也教育孩子要"严于律己，宽以待人"，要对同学包容、忍耐。可是等他们看到自己家的孩子不断地被同学欺负，甚至是被打了的时候，这些家长就会变得愤怒起来。这时，家长们就会改变教育方式，告诉孩子："咱们不欺负别人，但是也决不能被别人欺负。再有这样的事情发生，你也别让着他。"

这样的说辞听上去令人愕然。家长这样教育孩子，无异于是在教孩子用"以暴制暴"的方式处理问题。

孩子很有可能会在学校里和同学产生矛盾。当发现自己家的孩子与同学发生矛盾时，家长一定要及时和孩子进行沟通，采取正确、有效的方法来解决问题，必要的时候也可以寻求老师或是对方家长的帮助，切忌让孩子用暴力来解决问题。

父母应该培养孩子对事物的分析能力、判断能力，以及解决问题的能力，让孩子独立健康地长大。

2.宽容之后是忘却

女儿上三年级的时候，开始用钢笔写字，因为经常有写错的时候，我就给她买了一些修正贴。

有一天，女儿回家后告诉我，她的修正贴找不到了，于是我就给她买了新的。可是第二天，女儿告诉我，她的修正贴又丢了。我没太在意，就又给她买了新的，叮嘱她要放好，别再丢了。让我没想到的是，第三天的时候，女儿告诉我，她的修正贴又找不到了。

这次我仔细地问了经过，女儿说她记得清清楚楚的，她用完以后就把修正贴放进了书包里，可是等到她下节课想要用的时候，却怎么也找不到了。我说是不是你没找仔细。女儿说她已经很仔细地找过了。

女儿支支吾吾地告诉我，她怀疑她的修正贴是被同桌给偷走了！听到女儿这样说，我感到有些意外。我问女儿："宝贝，你怎么会这么想啊？咱们可不能轻易地怀疑别人偷东西，除非你看见了，或者是有证据才行！"

"嗯，知道了。"女儿乖巧地点点头。

我又给女儿买了新的修正贴，女儿害怕会"丢掉"，问我怎么办？我给女儿提出一个建议，让她在修正贴的背面写上名字。这样如果修正贴不小心掉在地上，被同学们捡到了，对方也会还给她。如果说真的存在一个"小偷"，他也不会傻到去偷写了名字的修正贴。

女儿立刻按照我说的办法，在修正贴的背面写上了许多个自己的名字，然后才放进书包里去。让我想不到的是，她的修正贴居然又丢了，而且女儿亲眼看到她的同桌在用。我问女儿有没有找他要？女儿说她要了，可是他不给。女儿还告诉我，她今天发现同桌用的一个本子是她以前丢的，而且现在本子上还写着她的名字。

我知道女儿的确没有冤枉她的同桌，那该怎么解决这个问题呢？我最初想把这件事告诉老师，可是又怕老师会训斥他。之后我又想找他的家长，可是又害怕他的家长会打骂他。最终我决定去学校接女儿的时候，顺便见这个孩子一面。

当女儿领着我找到他的时候，他看上去有些慌张，看来他的心里还是怕了。我问他："是你拿了我女儿书包里的修正贴吗？"

男孩犹豫了一下，点了点头。

我看见他承认了，就说："那你记住，以后不许再拿别人的东西了，这样是不对的，知道吗？这次的事情就算了，不过你要记住，如果再有一次的话，我就会找你的家长了。"

男孩似乎有些意外，他立刻点点头说："我知道了，以后不会了。"

直到今天我依然不知道我当时的做法是否正确，或者说还有没有更好的解决方案？不过从那以后女儿再也没有丢过文具。

有意思的是，现在我和女儿再谈论起这件事情的时候，她居然已经不记得那个男孩的名字了。

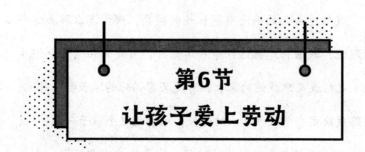

第6节
让孩子爱上劳动

1. 让孩子从小爱上劳动

现在的孩子很少干活，而且家长也不主张让孩子干活，主要原因有两个：一是怕孩子干活耽误学习，家长们觉得孩子的时间应该尽可能多地用在学习上；二是家长对孩子干的活不满意，总觉得不如自己动手更快捷。

其实让孩子在家里适当地干一些家务活对孩子是有好处的。首先，让孩子干一些他力所能及的家务活，可以减少家长的负担。其次，让孩子干些家务活，可以锻炼他们的独立自主能力，以便将来更好地生活。

刚开始的时候，父母可以给孩子分配一些比较简单的家务活，例如扫地、叠衣服、洗袜子等。孩子在做家务活的时候，肯定会有许多地方做得不好，这时家长切忌训斥或嘲笑孩子，而是要多赞扬和鼓励他们。

有时妈妈也可以适当地举行一次"家庭劳动比赛"，比赛的项目可以是比谁扫的地又快又干净，谁叠的衣服又快又整齐，谁洗的衣服最干净。妈妈也可以在周末的时候进行一次大扫除，并鼓励孩子当"总指挥"，这样既可以达到培养孩子爱劳动的目的，又可以培养孩子的合作意识。

另外，家长还可以在家里养一些花卉，或者种几棵蔬菜，并邀请孩子参与进来。父母还可以把给植物浇水的"重任"交给孩子，然后和孩子一起观察植物的变化。给植物浇水虽然不是什么了不起的大事，却可以培养孩子的耐心和责任心，并且还有助于提高孩子的观察能力。

有一次，我和女儿路过一家花店时，女儿被里面一盆盆鲜艳的花儿吸引住了。我给她买了一盆。自从买回这盆花，我就把每天浇水的"重任"交给了女儿。一天，女儿照顾的花，又新开了好几朵，我就和她坐在一起欣赏新开的小花儿，顺便聊一聊最近的生活趣事。那是一段非常美好的记忆。

另外，妈妈在家里包饺子的时候，可以鼓励孩子参与进来。也许孩子第一次包饺子时，会笨手笨脚，但家长这时一定不要嘲笑孩子，而是要适当地鼓励一下。

有一次，女儿的语文老师布置了一篇作文《难忘的第一次》。女儿很为难，说没什么可以写的。于是我就提出"包饺子"的想法，女儿立刻同意了。虽然女儿包的饺子七扭八歪的，但写出的作文却是非常不错的。饺子煮熟了以后，女儿第一口吃的就是她亲手包的歪歪扭扭的饺子，她还一个劲地说："自己包的饺子，吃着就是香！"

习惯篇

第1节
教育孩子多用礼貌用语

1.不要让孩子说脏话

人与人之间的交流是通过语言和行动实现的，其中又以语言为主要交流方式。有的人说话彬彬有礼，有的人说话则粗鲁低俗。彬彬有礼的人总是让人喜欢，粗鲁低俗的人就让人讨厌。

孩子从出生以后，就喜欢模仿别人的言行举止，尤其喜欢模仿父母的言行举止。因此要想让自己的孩子讲文明、懂礼貌，父母就应该注意自己的言行举止，只有这样才能教育好孩子。

孩子爱模仿的天性是与生俱来的，并且年龄越小的孩子，模仿能力越强。父母与孩子接触的时间是最多的，也是最为亲密的，因此孩子的模仿对象主要是父母。所以，父母的言行举止对孩子能否学会用礼貌用语具有决定性的作用。

父母一定不要在孩子面前说脏话，无论这些脏话是对某个人说的，还是对着孩子说的，最终引起的效果都是相同的，那就是都有可能被孩子所模仿。孩子最初的模仿都是在不知不觉中完成的。在孩子看来，模仿是一件好玩儿的事情。

在孩子上幼儿园或是小学以后，他们就会开始有意识地去模仿其他同学或老师的样子说话和办事了。当孩子偶尔说了脏话，家长不必过分的担忧。因为此时孩子的生活环境比之前家里的生活环境复杂了，而孩子的判断能力还不够。所以家长要告诉孩子哪些话是能说的，哪些话是不能说的、不应该说的。

2. 教孩子说"谢谢"

父母要教会孩子说"谢谢"，并且用言行来给孩子做示范。例如，妈妈在扫地的时候，就可以对孩子说："宝贝，你去帮妈妈把簸箕拿来，好不好？"小孩子大多数时候是喜欢为父母做事情的。当孩子顺利地将簸箕拿过来时，妈妈可以真诚地说一声："谢谢宝贝！"

当妈妈下班回到家后，可以让孩子给自己捶捶背。当孩子开始给父母捶背的时候，妈妈可以说："谢谢宝贝帮妈妈捶背！"整个过程中，妈妈可以好好地利用这个机会和孩子闲聊一会儿，问问孩子今天开心吗？孩子给出的答案既有可能是开心，也有可能是不开心，无论是哪一种回答，妈妈都要做出回应。如果孩子说开心／不开心，妈妈就可以继续问："那令宝贝开心／不开心的是什么事情呢？"这时孩子给出的答案就会五花八门了，无论是哪一种，妈妈都可以继续引导孩子说得更为具体一些。这是一个分享的过程，也是一个拉进亲子关系的好方式。

父母对孩子说"谢谢"，不仅仅是一句简单的礼貌用语，还是对于孩子帮助父母的行为的一种肯定。这对孩子不仅有示范作用，也有鼓励和激励的作用。

父母对孩子说"谢谢"的同时，也要适当地提醒孩子说"谢谢"，例如给孩子洗水果的时候，给孩子买零食的时候，给孩子买玩具的时候。但家长一定要记住，提醒时一定要自然，千万不要命令孩子。这样提醒几次以后，孩子就会主动说"谢谢"了。然后，父母可以回应孩子"不客气"。

除了"谢谢"和"不客气"以外，家长还应该教会孩子说"对不起"和"没关系"。"对不起"和"没关系"对孩子在处理人际关系时是非常有用的。因为孩子在学校时，经常会和同学发生一些摩擦，这个时候，如果过错方可以主动说一句"对不起"，那这件事情可能很容易就解决了。反之，如果双方都比较激进，就可能会引发更大的矛盾，甚至大打出手。

教孩子说"对不起"和"没关系"的方法与教孩子说"谢谢"的方法要有所区别，父母不可以人为地制造对孩子说"对不起"的机会，因为这样不是在教育孩子，而是在伤害孩子。

父母可以给孩子买一些有关文明礼貌的书籍，最好是图画书，这样看起来更直观，孩子也更容易接受。

礼貌用语可以让孩子与同学、朋友、老师的交往变得轻松起来，使孩子更有亲和力。如果一个人在孩提时代就学会了使用礼貌用语，那么这个好习惯将会伴随他一生。这些礼貌用语将是孩子人生当中一笔巨大的财富，会让他们终身受益。

第2节
爱护环境从小做起

人类的生存离不开地球，地球上的花草树木、山川平原、江河湖海都充满了灵性。但是随着城市化进程和工业化进程的不断加快，环境污染问题日益严重。

保护环境是全人类共同的责任和义务，因此环保意识也要从"我"做起，从娃娃做起。每一位家长都应该教育孩子从小养成爱护环境的好习惯。

爱护环境可以从小处着手，从身边着手。因此家长应该有意识地教育孩子不乱扔垃圾，告诉孩子无论是在家里，还是在外边，都应该将果皮、瓜子皮、废纸屑等垃圾扔进垃圾桶里，并做好垃圾分类。

我的小儿子特别喜欢吃雪糕，每次他吃雪糕的时候，我都会让他把包装袋和木棍扔进垃圾筐里去。刚开始的时候，他很不习惯，常常会顺手扔在地上，等我看到的时候提醒他，他才又捡起来扔进垃圾筐里。

儿子还喜欢吃香蕉。有一次，他吃完香蕉就随手把香蕉皮丢在了地上，我假装没看见。不一会儿，儿子在玩耍的过程中踩到了香蕉皮，结果滑倒了，疼得哭了起来。

这时我才走过去，问他："儿子，你怎么好好的就摔倒了呢？有没有摔疼啊？"儿子一边抽噎一边指着地上的香蕉皮说："我踩到香蕉皮滑倒了。"我假装惊讶地说："哎呀，地上怎么会有香蕉皮呢？是谁扔的？"儿子这才低下头有点不好意思地说："是我。"然后我说："哦，是宝贝自己扔的啊，那你踩到自己扔的香蕉皮滑倒了，就怨不得别人了。以后你要记得吃完香蕉后，一定要把香蕉皮扔进垃圾筐哦，这样你就踩不到它们啦。"从那以后，儿子果然每次吃完香蕉都会主动把皮扔进垃圾筐里。

在外面逛街的时候，儿子有时也会吃一些零食，如果有外包装袋等垃圾时，我都会告诉儿子，让他把垃圾扔进垃圾桶里。

　　有一次，我和孩子们一起去商场里购物。商场的门口有卖烤肠的，儿子很想吃，我就给他买了一根，随后我们就进了商场。

　　我们在商场里逗留了很长时间。等我们从商场出来的时候，我才发现儿子的手里拿了一根小竹签。我诧异地问："儿子，你的手里拿根竹签干什么？从哪里捡的？小心扎到你！"儿子说："这个是我吃的那根烤肠上的小竹签。"我才想起进商场时给他买过烤肠，就说："你吃完了，就把竹签扔掉呀，拿着多危险！"结果儿子却说："我没找到垃圾桶，不知道应该往哪里扔。"

　　听了儿子的话，我忽然有了一丝感动。我们从进商场到出来至少有两个多小时，而这家商场有几百平方米，在我们看商品的时候，儿子却在找一个可以用来扔垃圾的垃圾桶，找不到垃圾桶他就一直用手拿着竹签。除了被儿子感动之外，我还有一点自责，责怪自己这么长时间居然没有注意到儿子手里的竹签，我真是个粗心的妈妈！

　　我赶紧带儿子找到了一个垃圾桶，儿子这才高兴地把竹签扔进去。

尽管上面的例子都是一些微不足道的小事，但是好习惯的养成都是从小事开始的。只有将保护环境的意识深植于孩子的内心，他们才会在生活中形成习惯，成为环保小达人！